KB083649

아침부터 밤까지
일본어 단어

아침부터 밤까지
일본어 단어

초판 1쇄 인쇄 2021년 10월 10일
초판 1쇄 발행 2021년 10월 20일

엮 은 이 김동호
펴 낸 이 배태수
펴 낸 곳 신라출판사
등 록 1975년 5월 23일 제6-0216호
전 화 (02) 922-4735
팩 스 (02) 6935-1285
주 소 서울시 구로구 중앙로 3길 12
북디자인 디자인 디도

ISBN 978-89-7244-151-9 13730

아침부터 밤까지

일본어 단어

김동호 엮음

신라출판사

머리말

이 책은 하루 일과 속에서 우리가 꼭 필요한 일단어를 자연스럽게 말할 수 있도록, 아침부터 밤까지 하루 동안에 이루어지는 일상생활에 필요한 단어를 찾아볼 수 있도록 엮은 교재다. 삽화를 중심으로 상황을 연상하기 쉽게 정리되어 있으므로 자신의 주변에 있는 것이나 재미있다고 생각나는 것부터 익히면 된다.

Part 1 아침편에서는 하루를 시작하며 준비하는 언어들, Part 2 업무편에서는 교통수단 및 직장에서 사용하는 언어들, Part 3 일상생활편에서는 여행, 스포츠, 민원업무 등에 관한 언어들, Part 4 밤편에서는 하루를 정리하는 말들, 약속 모임이 있는 음식점, 호텔에서 사용하는 언어들로 구성하여 그 속에서 일어나는 일과 연결된 일단어들을 즉석에서 표현할 수 있도록 하였다. 또한 그림으로 표현한 후, 일본어와 한글로 발음을 함께 표기해 놓았기 때문에 원하는 내용을 누구나 쉽게 찾아볼 수 있도록 하였다.

단어만 알고 있다고 어떤 것이나 의미가 통한다는 뜻은 아니지만 회화는 단어와 단어의 연결이므로 필요한 단어를 모르면 어찌할 도리가 없다. 지금 여러분 주위에 있는 일상 생활용품 등을 일본어로 말할 수 있는지 확인해 보기 바란다. 일상적인 단어는 당연히 기본적인 것이기에 취급되지 않았거나 취급되었다 해도 막상 잊어버리기 쉽다.

아무쪼록 이 책을 통해서 일본인과의 일상대화에 조금이나마 보탬이 되기를 바란다.

엮은이

목 차

PART 1.

아침(朝)

chapter 1

가정(家庭)

① 침실(寝室)

□ **照明灯** (しょうめいとう)
쇼–메–토– 조명등

□ **電気スタンド** (でんきすたんど)
뎅키스탄도 전기스탠드

□ **電灯の傘** (でんとうのかさ)
덴토–노카사 전등갓

□ **目覚まし時計**
(めざましとけい)
메자마시토케– 알람시계

□ **ベッド** (べっど) 벤도 침대

□ **シングルベッド** (しんぐるべっど)
싱구루벤도 1인용 침대

□ **ダブルベッド** (だぶるべっど)
다부루벤도 2인용 침대

□ **二段ベッド** (にだんべっど)
니단벤도 2층 침대

□ **サイドテーブル**
(さいどてーぶる)
사이도테–부루
침대 옆 탁자

□ **ナイトガウン** (ないとがうん)
나이토가운 나이트 가운 (잠옷)

□ **パジャマ** (ぱじゃま)
파쟈마 파자마(잠옷)

□ **毛布** (もうふ)
모–후 담요

□ **電気毛布** (でんきもうふ)
뎅키모–후 전기담요

□ **布団** (ふとん)
후톤 (두꺼운) 이불

□ **枕** (まくら)
마쿠라 베개

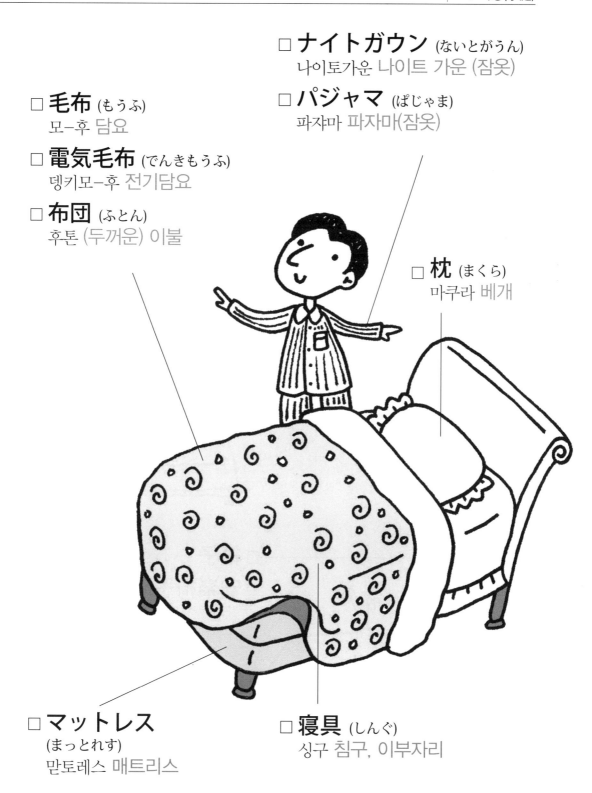

□ **マットレス**
(まっとれす)
맛토레스 매트리스

□ **寝具** (しんぐ)
싱구 침구, 이부자리

11

② 거실 및 집안 가구(居室及び家具)

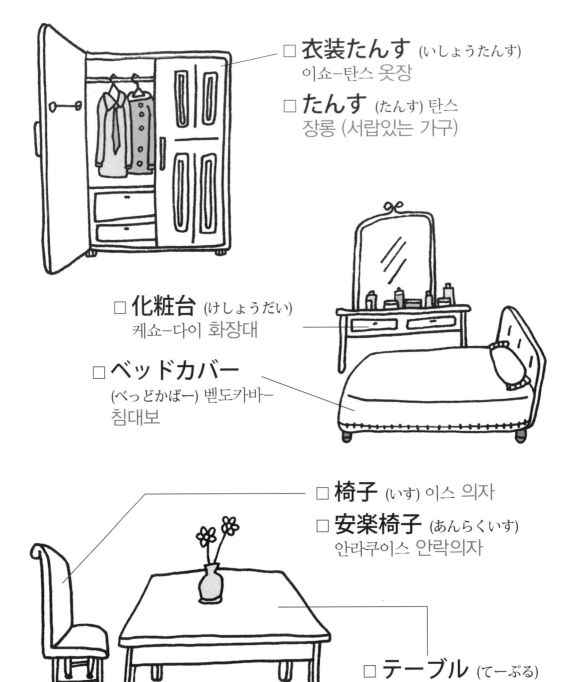

□ **衣装たんす** (いしょうたんす)
이쇼–탄스 옷장

□ **たんす** (たんす) 탄스
장롱 (서랍있는 가구)

□ **化粧台** (けしょうだい)
케쇼–다이 화장대

□ **ベッドカバー**
(べっどかばー) 벧도카바–
침대보

□ **椅子** (いす) 이스 의자

□ **安楽椅子** (あんらくいす)
안라쿠이스 안락의자

□ **テーブル** (てーぶる)
테–부루 테이블

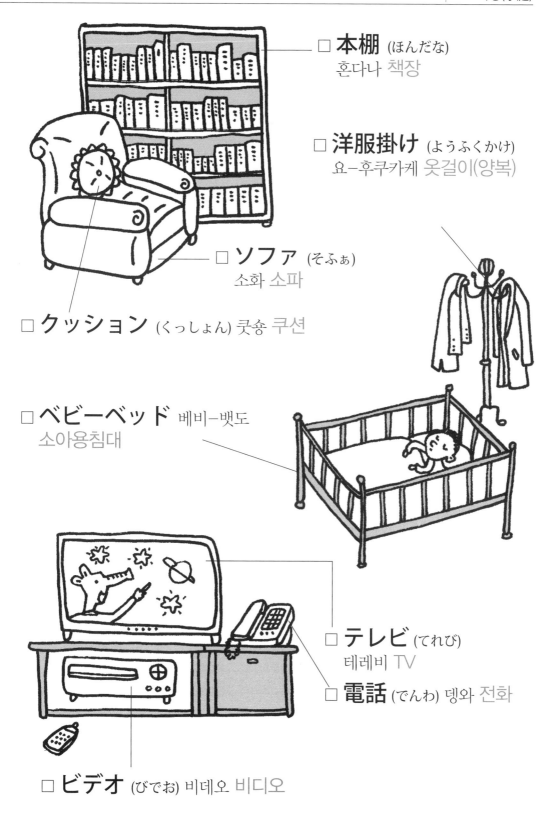

□ **本棚** (ほんだな)
혼다나 책장

□ **洋服掛け** (ようふくかけ)
요-후쿠카케 옷걸이(양복)

□ **ソファ** (そふぁ)
소화 소파

□ **クッション** (くっしょん) 쿳숑 쿠션

□ **ベビーベッド** 베비-뱃도
소아용침대

□ **テレビ** (てれび)
테레비 TV

□ **電話** (でんわ) 뎅와 전화

□ **ビデオ** (びでお) 비데오 비디오

□ **天井** (てんじょう) 텐죠- 천장

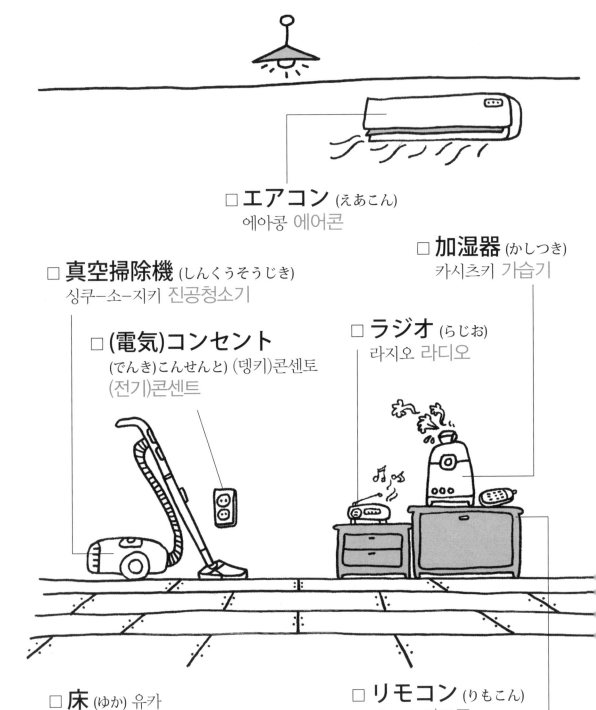

□ **エアコン** (えあこん)
에아콩 에어콘

□ **加湿器** (かしつき)
카시츠키 가습기

□ **真空掃除機** (しんくうそうじき)
싱쿠-소-지키 진공청소기

□ **(電気)コンセント**
(でんき)こんせんと) (뎅키)콘센토
(전기)콘센트

□ **ラジオ** (らじお)
라지오 라디오

□ **床** (ゆか) 유카
거실마루

□ **リモコン** (りもこん)
리모콩 리모콘

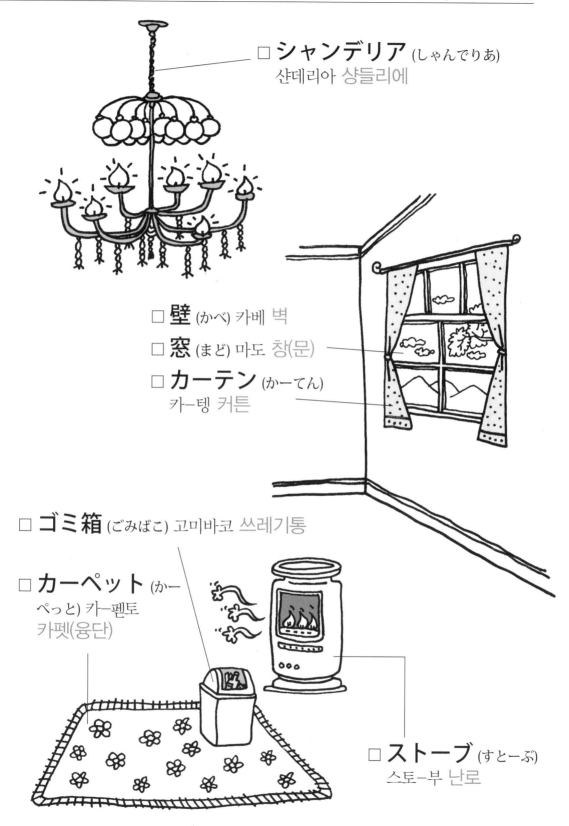

□ **シャンデリア** (しゃんでりあ)
샨데리아 샹들리에

□ **壁** (かべ) 카베 벽
□ **窓** (まど) 마도 창(문)
□ **カーテン** (かーてん)
카ー텡 커튼

□ **ゴミ箱** (ごみばこ) 고미바코 쓰레기통

□ **カーペット** (かー
ぺっと) 카ー펫토
카펫(융단)

□ **ストーブ** (すとーぶ)
스토ー부 난로

③ 욕실(バスルーム)

□ **お手洗い** (おてあらい)
오테아라이 화장실

□ **鏡** (かがみ) 카가미 거울

□ **タオル** (たおる) 타오루 수건

□ **ドライヤー** (どらいやー)
도라이야– 드라이기

□ **トイレットペーパー**
(といれっとぺーぱー)
토이렌토페–파– 화장지

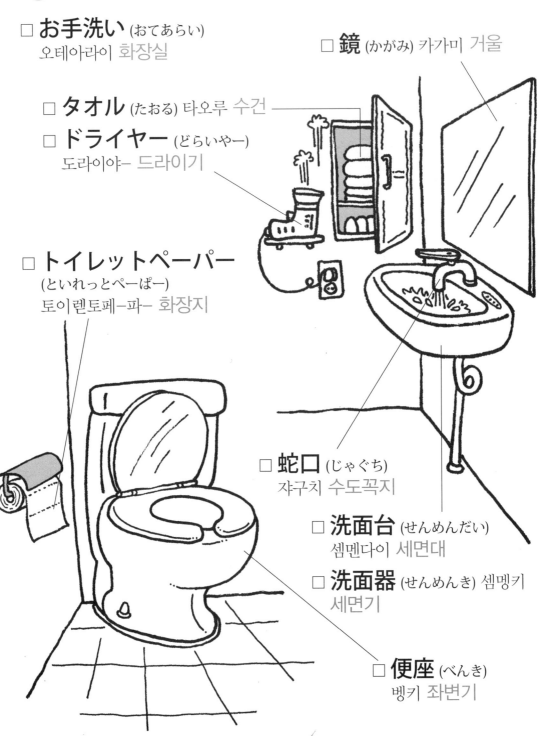

□ **蛇口** (じゃぐち)
쟈구치 수도꼭지

□ **洗面台** (せんめんだい)
셈멘다이 세면대

□ **洗面器** (せんめんき) 셈멩키
세면기

□ **便座** (べんき)
벵키 좌변기

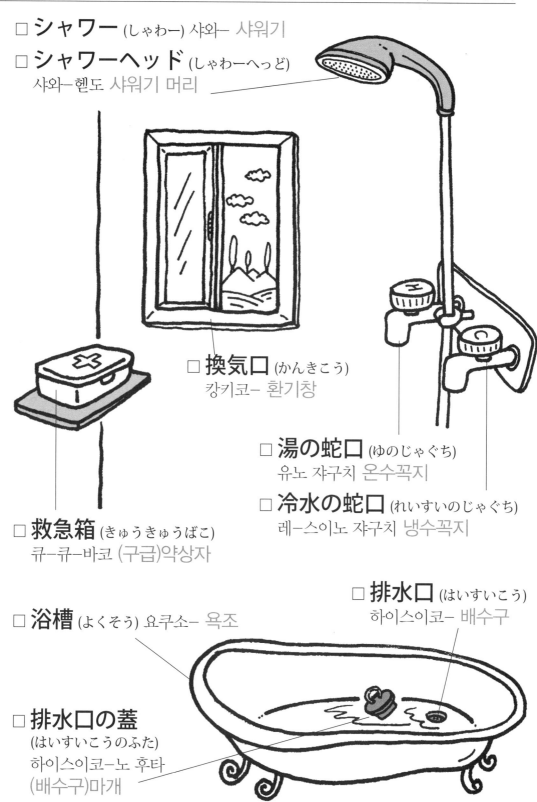

☐ **シャワー** (しゃわー) 샤와- 샤워기

☐ **シャワーヘッド** (しゃわーへっど)
샤와-헫도 샤워기 머리

☐ **換気口** (かんきこう)
캉키코- 환기창

☐ **湯の蛇口** (ゆのじゃぐち)
유노 쟈구치 온수꼭지

☐ **冷水の蛇口** (れいすいのじゃぐち)
레-스이노 쟈구치 냉수꼭지

☐ **救急箱** (きゅうきゅうばこ)
큐-큐-바코 (구급)약상자

☐ **排水口** (はいすいこう)
하이스이코- 배수구

☐ **浴槽** (よくそう) 요쿠소- 욕조

☐ **排水口の蓋**
(はいすいこうのふた)
하이스이코-노 후타
(배수구)마개

□ **シャンプー** (しゃんぷー) 샴푸– 샴푸 ────────

□ **石鹸** (せっけん) 섹켕 비누 ────────
□ **タオルホルダー** (たおるほるだー)
타오루호루다– 수건걸이

□ **石鹸ホルダー**
(せっけんほるだー)
섹켕호루다– 비누곽

□ **歯ブラシ** (はぶらし) 하부라시 칫솔

□ **歯磨き粉** (はみがきこ) 하미가키코 치약

□ **歯ブラシホルダー** (はぶらしほるだー)
　하부라시호루다− 칫솔통

4 생활 필수품(生活必需品)

□ **キーホルダー** (きーほるだー)
키-호루다- 열쇠고리

□ **鍵** (かぎ) 카기 열쇠

□ **電気かみそり**
(でんきかみそり)
뎅키카미소리
전기면도기

□ **はさみ** (はさみ)
하사미 가위

□ **針** (はり) 하리 바늘

□ **糸** (いと) 이토 실

□ **カメラ** (かめら) 카메라 카메라

□ **バケツ** (ばけつ)
바케츠 양동이

□ **モップ** (もっぷ) 몹푸 걸레

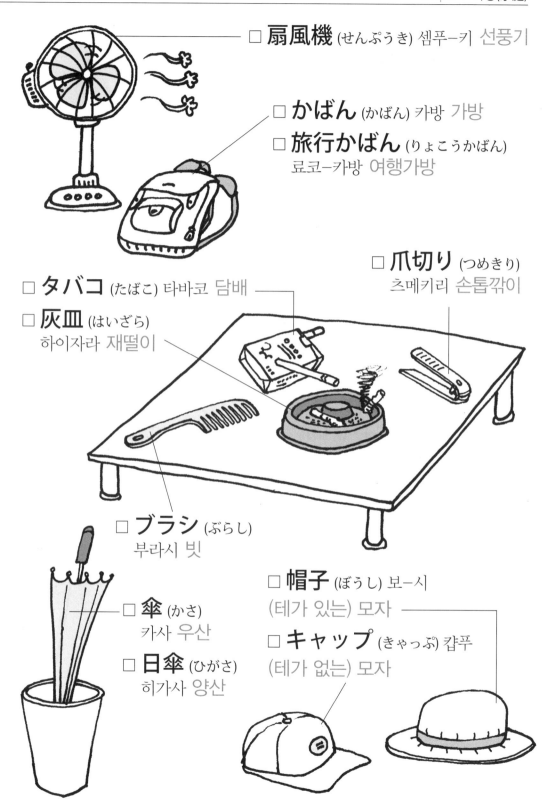

□ **扇風機** (せんぷうき) 셈푸ー키 선풍기

□ **かばん** (かばん) 카방 가방

□ **旅行かばん** (りょこうかばん)
료코ー카방 여행가방

□ **爪切り** (つめきり)
츠메키리 손톱깎이

□ **タバコ** (たばこ) 타바코 담배

□ **灰皿** (はいざら)
하이자라 재떨이

□ **ブラシ** (ぶらし)
부라시 빗

□ **帽子** (ぼうし) 보ー시
(테가 있는) 모자

□ **キャップ** (きゃっぷ) 캽푸
(테가 없는) 모자

□ **傘** (かさ)
카사 우산

□ **日傘** (ひがさ)
히가사 양산

5 화장품(化粧品)

□ **パウダー** (ぱうだー)
파우다- 가루분

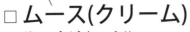
□ **ムース(クリーム)**
(むーす(くりーむ))
무-스(쿠리-무) 무스(크림)

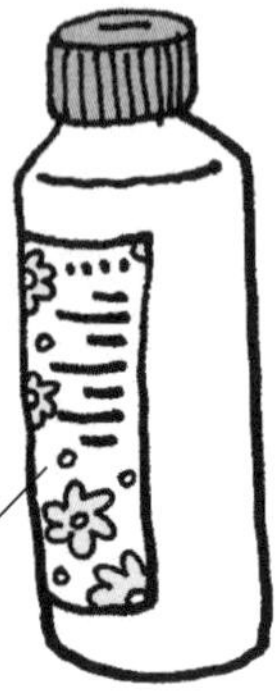

□ **ファンデーション**
(ふぁんでーしょん)
환데-숑 파운데이션

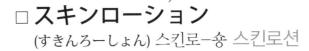
□ **スキンローション**
(すきんろーしょん) 스킨로-숑 스킨로션

□ **ローション** (ろーしょん) 로-숑 로션

□ **栄養クリーム** (えいようくりーむ)
에-요-쿠리-무 영양크림

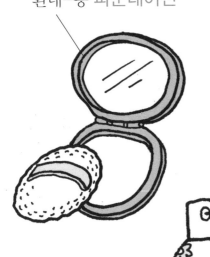

□ **マニキュア** (まにきゅあ)
마니큐아 매니큐어

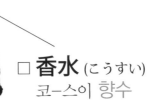

□ **香水** (こうすい)
코-스이 향수

□ **マスカラ** (ますから)
마스카라 마스카라

□ **付け睫毛** (つけまつげ)
츠케마츠게 인조속눈썹

□ **ヘアスプレー** (へあすぷれー)
헤아스푸레- 헤어스프레이

□ **頬紅** (ほおべに)
호-베니 볼연지

□ **化粧, 化粧品**
(けしょう, けしょうひん)
케쇼-, 케쇼-힝
화장, 화장품

□ **リップスティック**
(りっぷすてぃっく)
립푸스틱쿠 립스틱

6 부엌(台所)

□ **レストラン** (れすとらん) 레스토랑 식당

□ **トレイ** (とれい) 토레– 쟁반

□ **エプロン** (えぷろん) 에푸롱 앞치마

□ **フォーク** (ふぉーく) 훠–쿠 포크

□ **スプーン** (すぷーん)
스푸–운 숟가락

□ **テーブルクロス** (てーぶるくろす)
테–부루쿠로스 식탁보

□ **冷蔵庫** (れいぞうこ)
레−조−코 냉장고

□ **冷凍庫** (れいとうこ)
레−토−코 냉동고

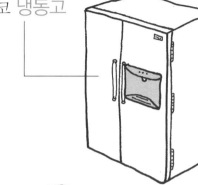

□ **まな板** (まないた) 마나이타 도마

□ **電子レンジ** (でんしれんじ) 덴시렌지
전자레인지

□ **料理用レンジ**
(りょうりようれんじ) 료−리요−렌지
요리용 레인지

□ **オーブン** (おーぶん) 오−붕
오븐

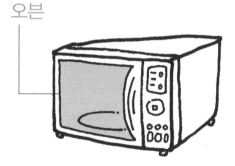

□ **ごみ** (ごみ) 고미 쓰레기

□ **ゴミ箱** (ごみばこ)
고미바코 쓰레기통

□ **弁当箱** (べんとうばこ)
벤토−바코 도시락통

□ **鍋** (なべ) 나베 냄비

□ **コーヒーメーカー**
(こーひーめーかー)
코−히−메−카− 커피끓이는 기구

25

□ **食器洗浄機**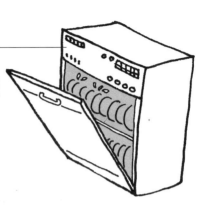
(しょっきせんじょうき)
쇽키센죠-키 **식기세척기**

□ **炊飯器**(すいはんき) 스이항키 **밥솥**

□ **トースター**
(とーすたー) 토-스타-
토스터(기), 빵굽는 기구

□ **包丁** (ほうちょう) 호-쵸- 식칼

□ **フライパン** (ふらいぱん)
후라이팡 프라이팬

□ **やかん** (やかん) 야캉
주전자

□ **ボール** (ぼーる) 보-루 사발

□ **大皿** (おおざら) 오-자라 큰접시

□ **皿** (さら) 사라 (납작하고 둥근 보통의)접시

□ **ソーサー** (そーさー) 소-사- 받침접시

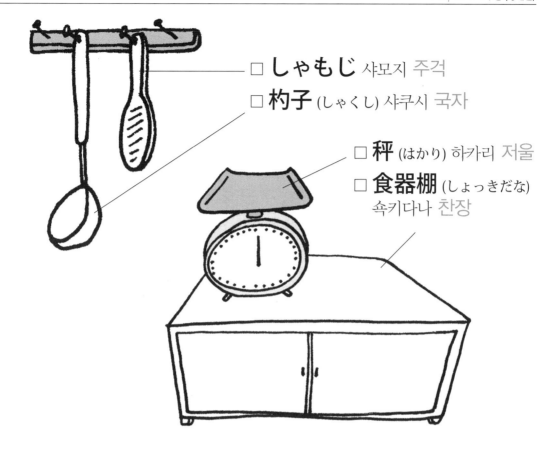

□ **しゃもじ** 샤모지 주걱

□ **杓子** (しゃくし) 샤쿠시 국자

□ **秤** (はかり) 하카리 저울

□ **食器棚** (しょっきだな) 속키다나 찬장

□ **ふた** (ふた) 후타 뚜껑

□ **甕, 壷, 瓶** (かめ, つぼ, びん) 카메, 츠보, 빙 항아리, 단지, 병

□ **布巾** (ふきん) 후킹 행주

□ **ミキサー** (みきさー) 미키사ー 믹서(기)

□ **箸** (はし) 하시 젓가락

chapter 2 식료품(食料品)

1 식료품(食料品)

□ 食料品 (しょくりょうひん) 쇼쿠료–힝 식료품

□ マヨネーズ (まよねーず) 마요네–즈 마요네즈

□ ドレッシング (どれっしんぐ) 도렛싱구 드레싱

□ マーガリン (まーがりん) 마–가링 마가린

□ 牛乳 (ぎゅうにゅう) 규–뉴– 우유

□ クリーム (くりーむ) 쿠리–무 크림

□ チーズ (ちーず) 치–즈 치즈

□ バター (ばたー) 바타– 버터

□ **砂糖** (さとう) 사토– 설탕

□ **材料** (ざいりょう)
자이료– 재료, 성분

□ **角砂糖** (かくさとう)
카쿠사토– 각설탕

□ **塩** (しお) 시오
소금

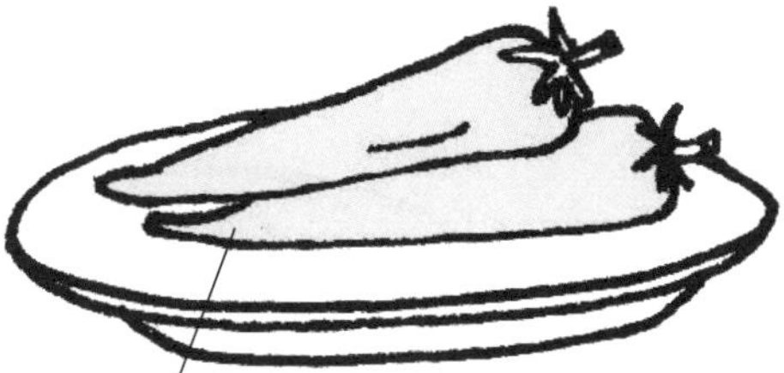

□ **赤唐辛子** (あかとうがらし)
아카토–가라시 빨간 고추

□ **千切りの唐辛子** (せんぎりのとうがらし)
셍기리노토–가라시 실고추

□ **コショウ** (こしょう) 코쇼– 후추

□ **ケチャップ** (けちゃっぷ)
케챱푸 케첩

□ **調味料** (ちょうみりょう)
쵸–미료– 조미료

□ **薬味** (やくみ) 야쿠미 양념

□ **唐辛子の粉** (とうがらしのこな)
토−가라시노코나 고추가루

□ **唐辛子味噌** (とうがらしみそ)
토−가라시미소 고추장

□ **ソース** (そーす) 소−스 소스

□ **ゴマ** (ごま)
고마 참깨

□ **醤油** (しょうゆ)
쇼−유 간장

□ **豆油** (まめあぶら)
마메아부라 콩기름

□ **酢** (す) 스 식초

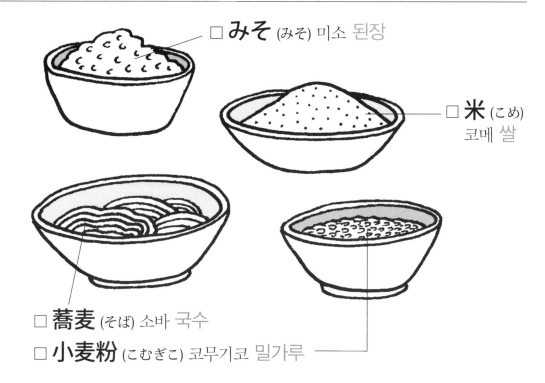

□ **みそ** (みそ) 미소 된장

□ **米** (こめ)
코메 쌀

□ **蕎麦** (そば) 소바 국수

□ **小麦粉** (こむぎこ) 코무기코 밀가루

□ **ドーナツ** (どーなつ) 도–나츠 도넛

□ **パン** (ぱん) 팡 빵

□ **ナッツ** 낫츠 견과

□ **クッキー** (くっきー) 쿡키– 쿠키

□ **ビスケット** (びすけっと) 비스켇토 비스킷(영국)

□ **クラッカー** (くらっかー) 쿠락카– 얇고 바삭한 비스킷(미국)

② 고기(肉)

□ **牛肉** (ぎゅうにく) 규-니쿠 쇠고기

□ **豚肉** (ぶたにく) 부타니쿠 돼지고기
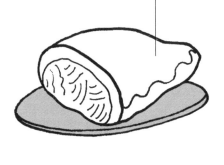

□ **羊肉** (ひつじにく) 히츠지니쿠 양고기

□ **子羊肉** (こひつじにく)
코히츠지니쿠
새끼양고기
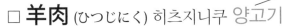

□ **馬肉** (ばにく) 바니쿠 말고기

□ **ハム** (はむ) 하무 햄

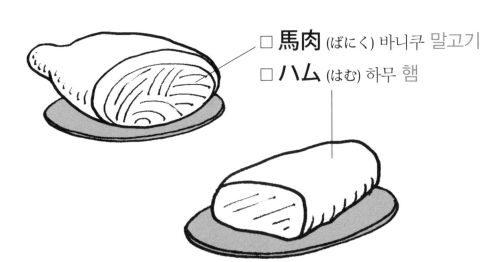

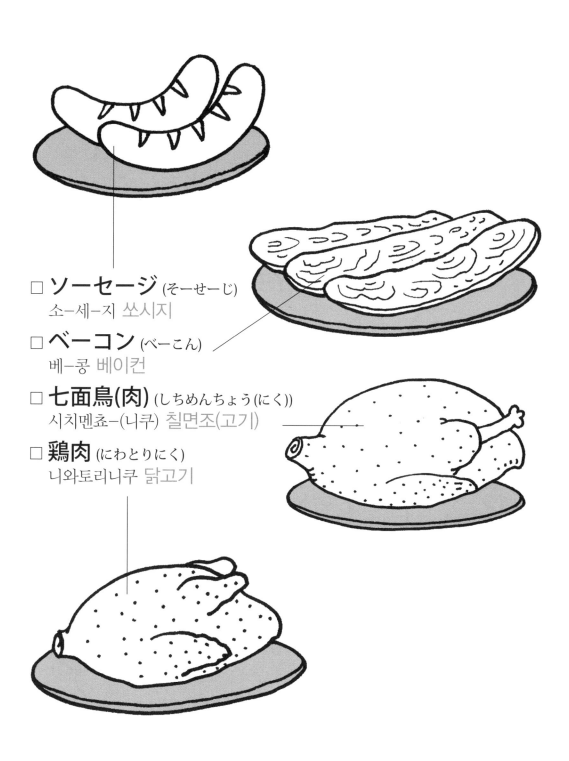

□ **ソーセージ** (そーせーじ)
소ー세ー지 쏘시지

□ **ベーコン** (べーこん)
베ー콩 베이컨

□ **七面鳥(肉)** (しちめんちょう(にく))
시치멘쬬ー(니쿠) 칠면조(고기)

□ **鶏肉** (にわとりにく)
니와토리니쿠 닭고기

③ 야채(野菜)

□ **アスパラガス** (あすぱらがす)
아스파라가스 아스파러거스

□ **カボチャ** (かぼちゃ)
카보챠 호박

□ **ジャガイモ** (じゃがいも)
쟈가이모 감자

□ **セロリ** (せろり)
세로리 샐러리

□ **キノコ** (きのこ)
키노코 버섯

□ **ピーマン**
(ぴーまん) 피ー망 피망

□ **トマト** (とまと)
토마토 토마토

□ **豆** (まめ) 마메 콩

□ **ブロッコリー** (ぶろっこりー)
부록코리ー 브로컬리

□ **にんじん** (にんじん)
닌징 당근

□ **白菜** (はくさい) 하쿠사이
배추

□ **キャベツ** (きゃべつ)
캬베츠 양배추

□ **(小さい)ねぎ** ((ちいさい)ねぎ)
(치−사이)네기 (골)파

□ **ナス** (なす) 나스 가지

□ **大根** (だいこん) 다이콩 무

□ **ニンニク** (にんにく)
닌니쿠 마늘

□ **ショウガ** (しょうが) 쇼−가 생강

□ **サツマイモ** (さつまいも)
사츠마이모 고구마

□ **タマネギ** (たまねぎ)
타마네기 양파

□ **レタス** (れたす) 레타스 상추

□ **きゅうり** (きゅうり)
큐−리 오이

④ 과일(フルーツ)

□ **りんご** (りんご)
링고 사과

□ **梨** (なし)
나시 배

□ **桃** (もも)
모모 복숭아

□ **バナナ** (ばなな)
바나나 바나나

□ **スモモ** (すもも)
스모모 자두

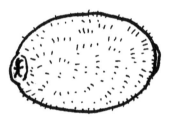

□ **キウイ** (きうい)
키우이 키위

□ **マンゴー**
(まんごー) 망고ー
망고

□ **スイカ**
(すいか) 스이카 수박

□ **パイナップル**
(ぱいなっぷる)
파이납푸루 파인애플

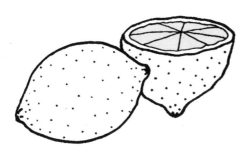

□ **レモン** (れもん)
레몽 레몬

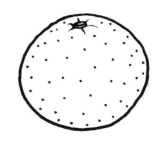

□ **オレンジ** (おれんじ)
오렌지 오렌지

□ **チェリー** (ちぇりー)
체리- 버찌, 체리

□ **マスクメロン**
(ますくめろん)
마스쿠메롱 머스크메론

□ **柿** (かき)
카키 감(나무)

□ **ブドウ** (ぶどう)
부도- 포도

□ **みかん** (みかん)
미캉 귤

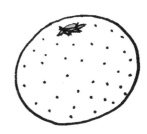

□ **いちご** (いちご)
이치고 딸기

⑤ 어패류(魚貝類)

□ **マグロ** (まぐろ) 마구로 참치

□ **サケ** (さけ) 사케 연어

□ **カレイ** (かれい) 카레- 가자미류

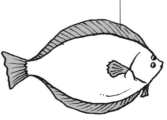

□ **マス** (ます) 마스 송어

□ **タラ** (たら) 타라 대구

□ **明太, スケトウダラ**
(めんたい, すけとうだら)
멘타이, 스케토-다라
명태

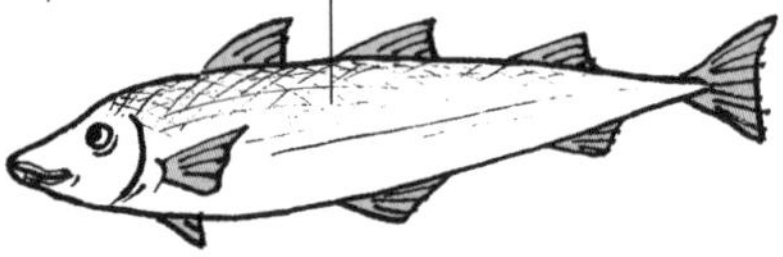

□ **サバ** (さば) 사바 고등어

□ **イワシ** (いわし) 이와시 정어리

□ **さんま** (さんま) 삼마 꽁치

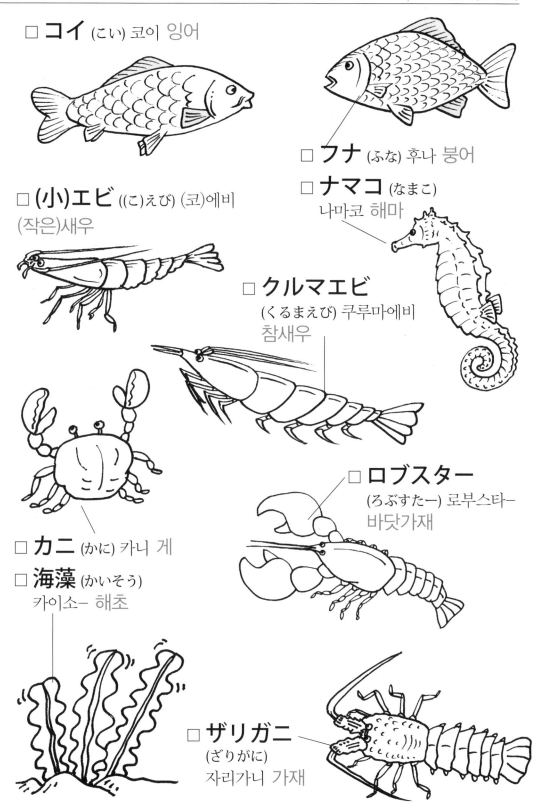

□ **コイ** (こい) 코이 잉어

□ **フナ** (ふな) 후나 붕어

□ **ナマコ** (なまこ)
나마코 해마

□ **(小)エビ** ((こ)えび) (코)에비
(작은)새우

□ **クルマエビ**
(くるまえび) 쿠루마에비
참새우

□ **ロブスター**
(ろぶすたー) 로부스타ー
바닷가재

□ **カニ** (かに) 카니 게

□ **海藻** (かいそう)
카이소ー 해초

□ **ザリガニ**
(ざりがに)
자리가니 가재

□ **ウニ** (うに) 우니 성게

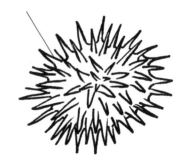

□ **カキ** (かき)
카키 굴

□ **ホタテ貝** (ほたてがい)
호타테가이 가리비

□ **貽貝** (いがい)
이가이 홍합

□ **ハマグリ** (はまぐり)
하마구리 대합조개

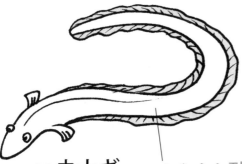

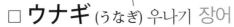

□ **ウナギ** (うなぎ) 우나기 장어

□ **サメ** (さめ) 사메 상어

□ **金魚** (きんぎょ)
킹교 금붕어

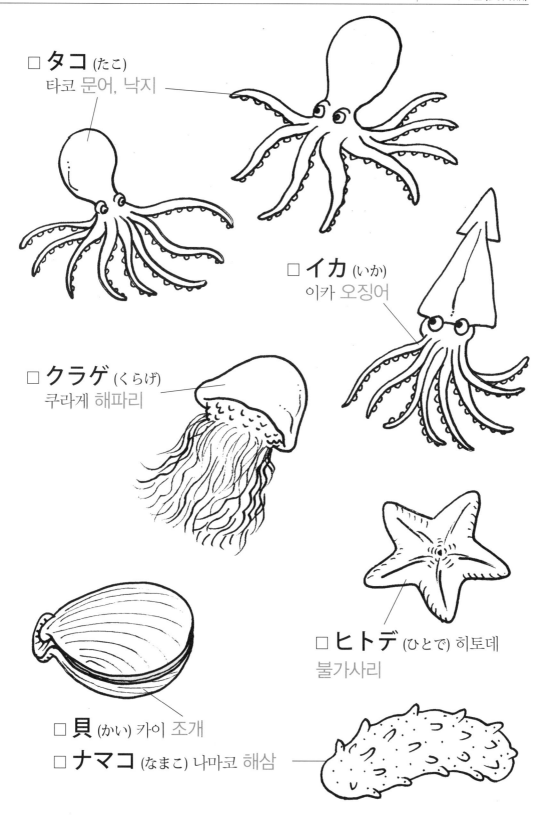

□ **タコ** (たこ)
타코 문어, 낙지

□ **イカ** (いか)
이카 오징어

□ **クラゲ** (くらげ)
쿠라게 해파리

□ **ヒトデ** (ひとで) 히토데
불가사리

□ **貝** (かい) 카이 조개

□ **ナマコ** (なまこ) 나마코 해삼

chapter **3**

의복(衣服)

1 의복(衣服)

□ **ワイシャツ**
(わいしゃつ) 와이샤츠
와이셔츠

□ **スーツ** (すーつ)
스ㅡ츠 정장

□ **ジャケット** 쟈켓토
웃옷(양복저고리)

□ **ブラウス** (ぶらうす)
브라우스 블라우스

□ **ズボン** (ずぼん)
즈봉 바지

□ **ベスト** (べすと)
베스토 조끼

□ **ポロシャツ**
(ぽろシャツ) 포로샤츠
폴로셔츠(목티셔츠)

□ **ジャンパー** (じゃんぱー)
쟘파ー 잠바

□ **セーター** (せーたー)
세ー타ー 스웨터

□ **コート** (こーと) 코ー토 코트

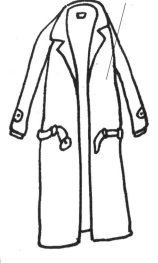

□ **ワンピース** (わんぴーす)
완피ー스 원피스

□ **タキシード**
(たきしーど)
타키시ー도 턱시도

□ **スカート** (すかーと)
스카ー토 치마

□ **短パン** (たんぱん)
탐팡 짧은 바지

□ **制服** (せいふく)
세-후쿠 제복

□ **レインコート**
(れいんこーと)
레인코-토 비옷

□ **タートルネックセーター**
(たーとるねっくせーたー)
타-토루넥쿠세-타-
터틀넥의 스웨터

□ **ナイトドレス**
(ないとどれす)
나이토도레스 여성잠옷

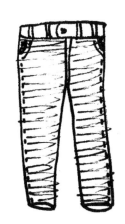

□ **ジーンズ**
(ジーンズ) 지-인즈
청바지

□ **普段着** (ふだんぎ)
후당기 평상복

□ **ズボンつり** (ずぼんつり) 즈본츠리
멜빵바지

□ **カーディガン**
(かーでぃがん)
카ー디간 가디건

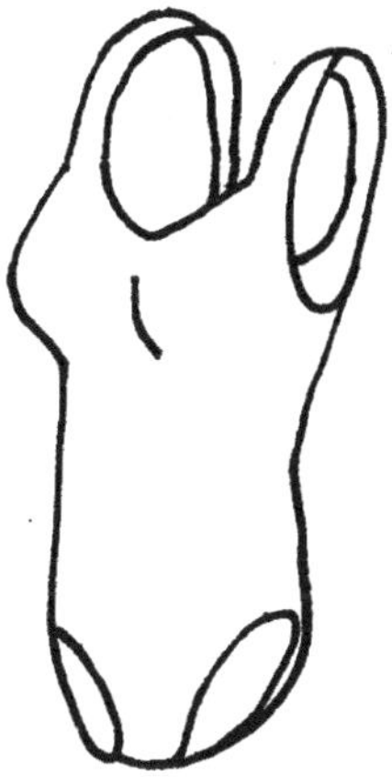

□ **水着** (みずぎ)
미즈기 수영복

□ **下着** (したぎ)
시타기 내의, 속옷

□ **スポーツウェア** (すぽーつうぇあ)
스포ー츠웨아 운동복

□ **ジョギングスーツ** (じょぎんぐすーつ)
죠깅구스ー츠 조깅복장

② 신발(シューズ)

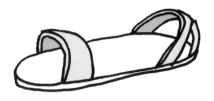

□ **サンダル** (さんだる)
산다루 샌들

□ **上履き** (うわばき) 우와바키 실내화
□ **スリッパ** (すりっぱ) 스립파 슬리퍼

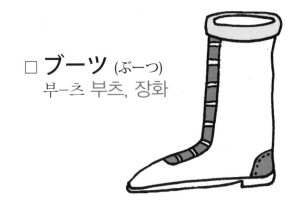

□ **ブーツ** (ぶーつ)
부ー츠 부츠, 장화

□ **ヒール** (ひーる)
히ー루 굽 높은 구두

□ **短靴** (たんか)
탕카 단화

□ **登山靴** (とざんぐつ)
토장구츠 등산화

□ **革靴** (かわぐつ)
카와구츠 가죽구두

□ **運動靴** (うんどうぐつ)
운도-구츠 운동화

□ **スニーカー** (すにーかー)
스니-카- (고무바닥의)운동화

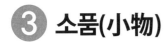
③ 소품(小物)

□ **サングラス**
(さんぐらす)
상구라스 색안경

□ **マフラー** (まふらー)
마후라– 목도리

□ **イヤリング** (いやりんぐ)
이야링구 귀걸이

□ **ブレスレット** (ぶれすれっと)
부레스렌토 팔찌

□ **ハンカチ** (はんかち)
항카치 손수건

□ **指輪** (ゆびわ)
유비와 반지

□ **ブローチ** (ぶろーち)
부로–치 브로치

□ **ネックレス**
(ねっくれす)
넥쿠레스 목걸이

□ **ストッキング** (すとっきんぐ) 스톡킹구 스타킹
□ **ソックス** (そっくす) 속쿠스 (짧은)양말

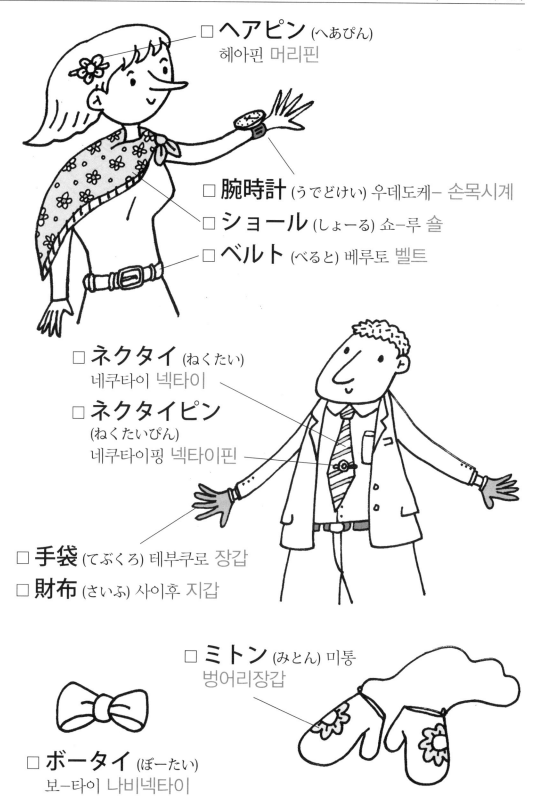

□ **ヘアピン** (へあぴん)
헤아핀 머리핀

□ **腕時計** (うでどけい) 우데도케– 손목시계
□ **ショール** (しょーる) 쇼–루 숄
□ **ベルト** (べると) 베루토 벨트

□ **ネクタイ** (ねくたい)
네쿠타이 넥타이

□ **ネクタイピン**
(ねくたいぴん)
네쿠타이핑 넥타이핀

□ **手袋** (てぶくろ) 테부쿠로 장갑
□ **財布** (さいふ) 사이후 지갑

□ **ミトン** (みとん) 미통
벙어리장갑

□ **ボータイ** (ぼーたい)
보–타이 나비넥타이

49

4 보석류(ジュエリー)

□ **ダイアモンド** (だいあもんど)
다이아몬도 다이아몬드

□ **金** (きん) 킹 금

□ **エメラルド** (えめらるど)
에메라루도 에머럴드, 취옥

□ **銀** (ぎん) 깅 은

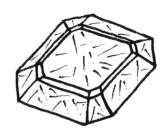

□ **ルビー** (るびー)
루비– 루비, 홍옥

□ **真珠** (しんじゅ) 신쥬 진주

□ **珊瑚** (さんご) 상고 산호

□ **象牙** (ぞうげ)
조-게 상아

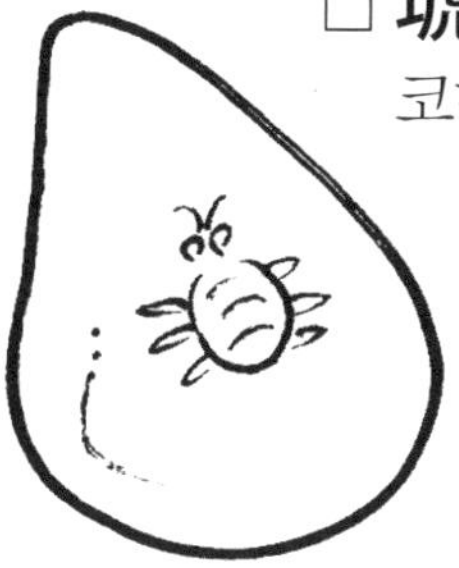

□ **翡翠(玉)**
(ひすい(ぎょく) 히스이(교쿠)
비취, 옥

□ **琥珀** (こはく)
코하쿠 호박

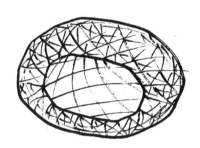

□ **アメジスト** (あめじすと)
아메지스토 자수정

□ **プラチナ** (ぷらちな)
푸라치나 백금

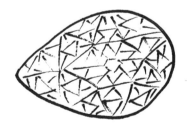

□ **サファイア**
(さふぁいあ) 사화이아
사파이어, 청옥

□ **水晶** (すいしょう)
스이쇼- 수정

51

⑤ 색깔(色)

- □ **赤い** (あかい) 아카이 빨강
- □ **黄色い** (きいろい) 키ー로이 노랑
- □ **青い** (あおい) 아오이 파랑
- □ **オレンジ色** (おれんじいろ) 오렌지ー로 오렌지색
- □ **緑色** (みどりいろ) 미도리ー로 녹색
- □ **紫色** (むらさきいろ) 무라사키ー로
  자색
- □ **桜色** (さくらいろ) 사쿠라이로
  연분홍색

□ **青緑色** (あおみどりいろ) 아오미도리—로 청록색
□ **黒い** (くろい) 쿠로이 검은
□ **白い** (しろい) 시로이 흰(희다)

□ **灰色** (はいいろ) 하이이로 회색
□ **クリーム色** (くりーむいろ) 쿠리—무이로 크림색
□ **茶褐色** (ちゃかっしょく) 챠캇쇼쿠 다갈색
□ **ベージュ色** (べーじゅいろ) 베—쥬이로 베이지색

chapter 4 · 신체(体)

1 (우리)몸(体) – 얼굴(顔)

□ **頭** (あたま) 아타마 머리

□ **髪の毛** (かみのけ) 카미노케 머리카락

□ **額** (ひたい) 히타이 이마

□ **眉毛** (まゆげ)
마유게 눈썹

□ **目** (め) 메 눈

□ **瞳, 瞳孔**
(ひとみ, どうこう)
히토미, 도―코―
눈동자, 동공

□ **目蓋** (まぶた)
마부타 눈꺼풀

□ **まつげ** (まつげ)
마츠게 속눈썹

□ **顎** (あご) 아고 턱

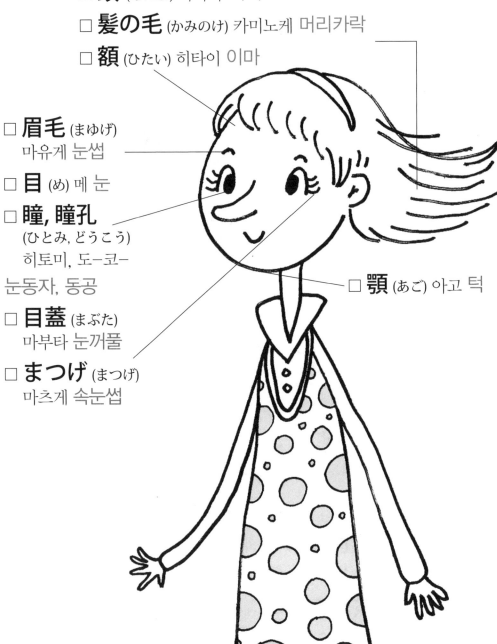

54

□ **にきび** (にきび) 니키비 여드름

□ **しわ** (しわ) 시와 주름

□ **カマキリ, 黒子** (かまきり, ほくろ)
카마키리, 호쿠로 사마귀, 점

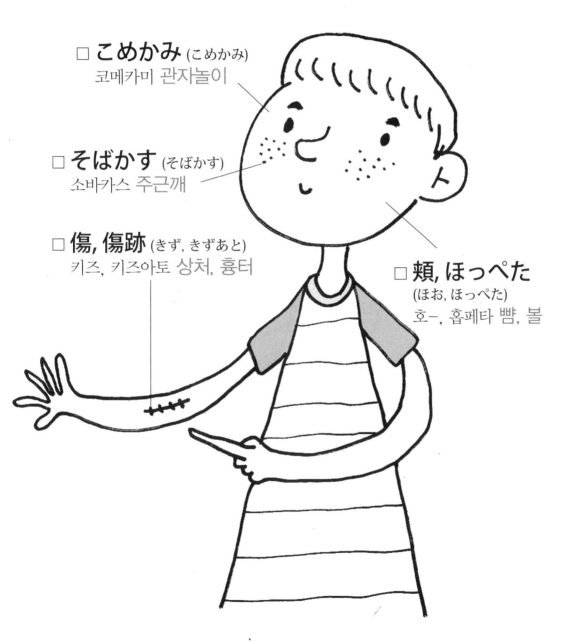

□ **こめかみ** (こめかみ)
코메카미 관자놀이

□ **そばかす** (そばかす)
소바카스 주근깨

□ **傷, 傷跡** (きず, きずあと)
키즈, 키즈아토 상처, 흉터

□ **頬, ほっぺた**
(ほお, ほっぺた)
호ー, 홉페타 뺨, 볼

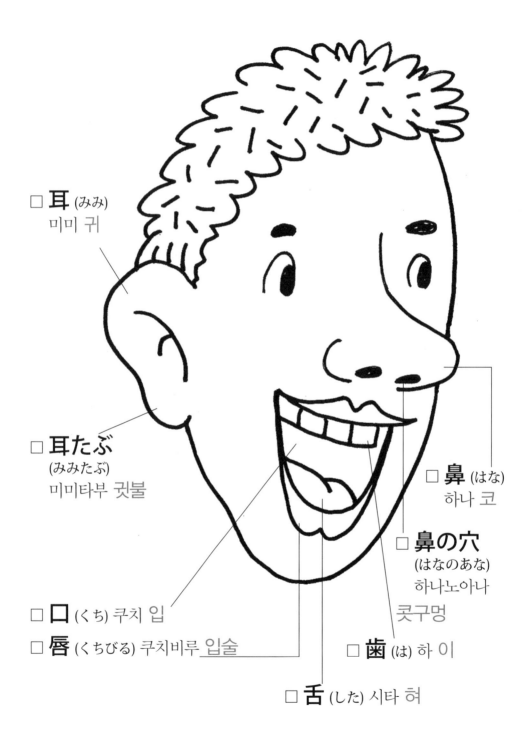

□ 耳 *(みみ)*
미미 귀

□ 耳たぶ
(みみたぶ)
미미타부 귓불

□ 口 *(くち)* 쿠치 입
□ 唇 *(くちびる)* 쿠치비루 입술

□ 鼻 *(はな)*
하나 코

□ **鼻の穴**
(はなのあな)
하나노아나
콧구멍

□ 歯 *(は)* 하 이

□ 舌 *(した)* 시타 혀

□ **もみあげ** (もみあげ)
모미아게 짧은 구렛나루

□ **頬髭** (ほおひげ) 호−히게
구렛나루

□ **鼻髭, 口髭**
(はなひげ, くちひげ)
하나히게, 쿠치히게
콧수염

□ **えくぼ** (えくぼ)
에쿠보 보조개

□ **(顎)髭** ((あご)ひげ) (아고)히게 (턱)수염

□ **山羊髭** (やぎひげ) 야기히게 염소수염

② (우리)몸(体) – 보이는 부분(目に見える部分)

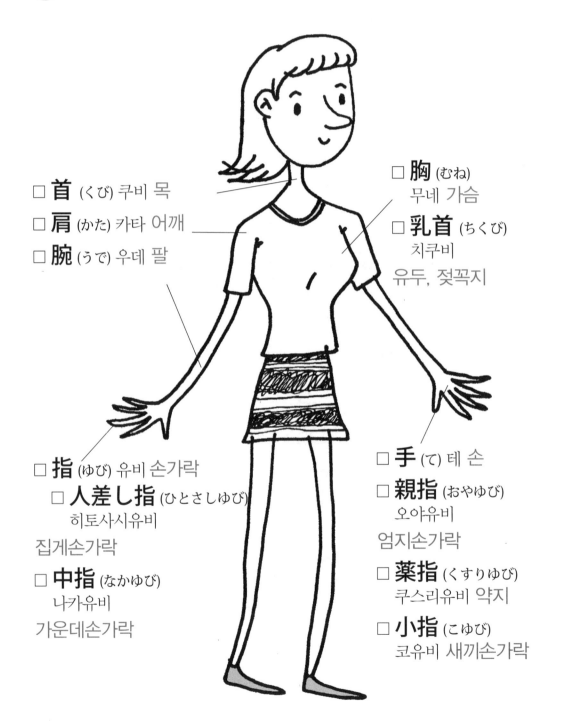

□ **首** (くび) 쿠비 목

□ **肩** (かた) 카타 어깨

□ **腕** (うで) 우데 팔

□ **胸** (むね)
무네 가슴

□ **乳首** (ちくび)
치쿠비

유두, 젖꼭지

□ **指** (ゆび) 유비 손가락

  □ **人差し指** (ひとさしゆび)
  히토사시유비

집게손가락

□ **中指** (なかゆび)
나카유비

가운데손가락

□ **手** (て) 테 손

□ **親指** (おやゆび)
오야유비

엄지손가락

□ **薬指** (くすりゆび)
쿠스리유비 약지

□ **小指** (こゆび)
코유비 새끼손가락

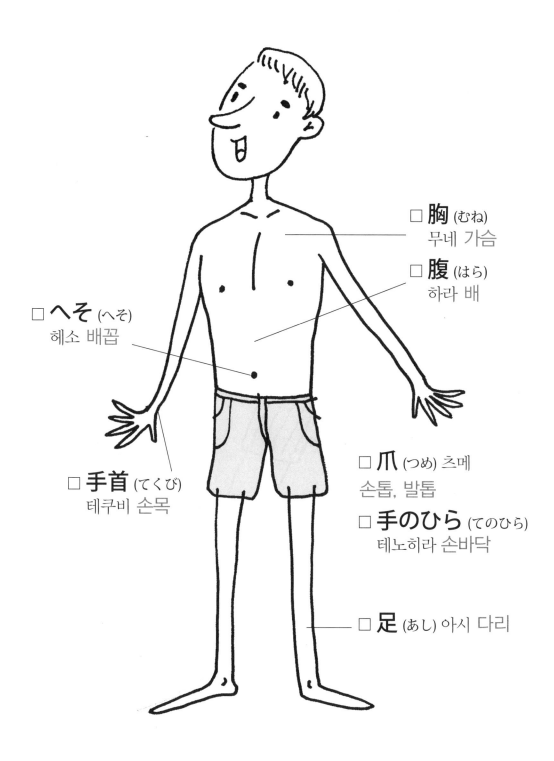

□ **胸** (むね)
무네 가슴

□ **腹** (はら)
하라 배

□ **へそ** (へそ)
헤소 배꼽

□ **手首** (てくび)
테쿠비 손목

□ **爪** (つめ) 츠메
손톱, 발톱

□ **手のひら** (てのひら)
테노히라 손바닥

□ **足** (あし) 아시 다리

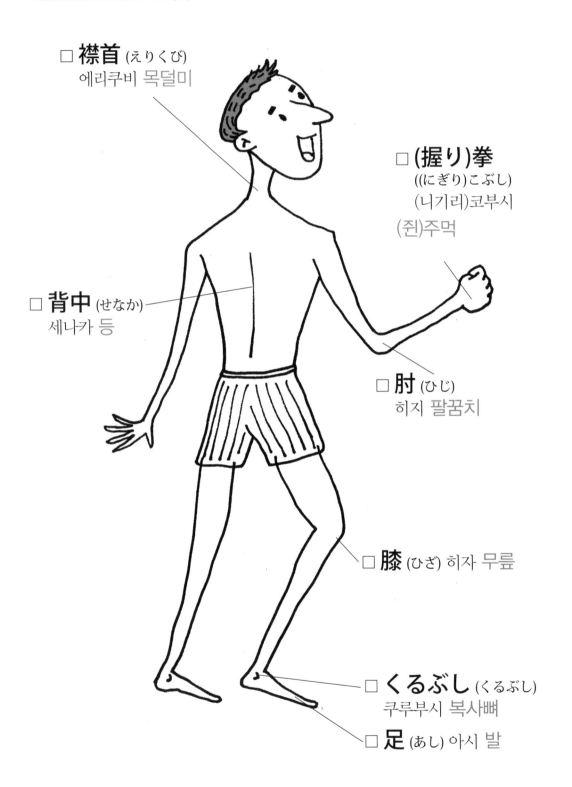

□ **襟首** (えりくび)
에리쿠비 목덜미

□ **(握り)拳**
((にぎり)こぶし)
(니기리)코부시
(쥔)주먹

□ **背中** (せなか)
세나카 등

□ **肘** (ひじ)
히지 팔꿈치

□ **膝** (ひざ) 히자 무릎

□ **くるぶし** (くるぶし)
쿠루부시 복사뼈

□ **足** (あし) 아시 발

□ **肌** (はだ) 하다 피부

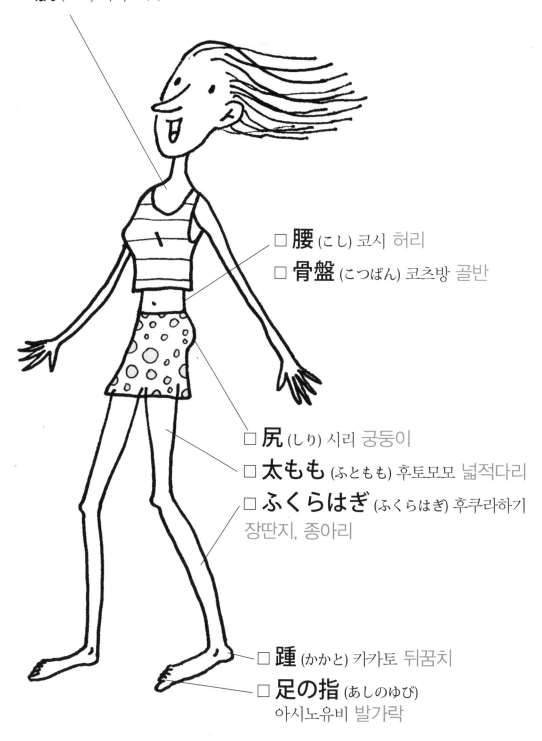

□ **腰** (こし) 코시 허리
□ **骨盤** (こつばん) 코츠방 골반

□ **尻** (しり) 시리 궁둥이
□ **太もも** (ふともも) 후토모모 넓적다리
□ **ふくらはぎ** (ふくらはぎ) 후쿠라하기
장딴지, 종아리

□ **踵** (かかと) 카카토 뒤꿈치
□ **足の指** (あしのゆび)
아시노유비 발가락

③ (우리)몸(体) – 보이지 않는 부분(目に見えない部分)

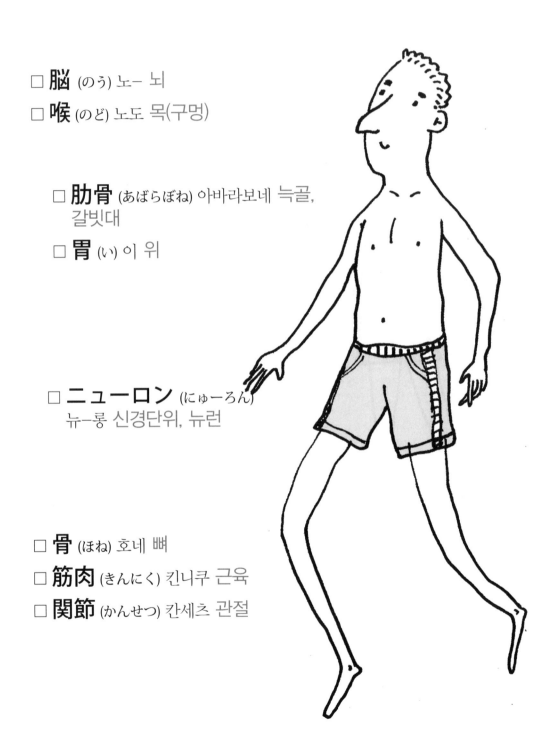

□ **脳** (のう) 노- 뇌
□ **喉** (のど) 노도 목(구멍)

□ **肋骨** (あばらぼね) 아바라보네 늑골,
　　갈빗대
□ **胃** (い) 이 위

□ **ニューロン** (にゅーろん)
　　뉴-롱 신경단위, 뉴런

□ **骨** (ほね) 호네 뼈
□ **筋肉** (きんにく) 킨니쿠 근육
□ **関節** (かんせつ) 칸세츠 관절

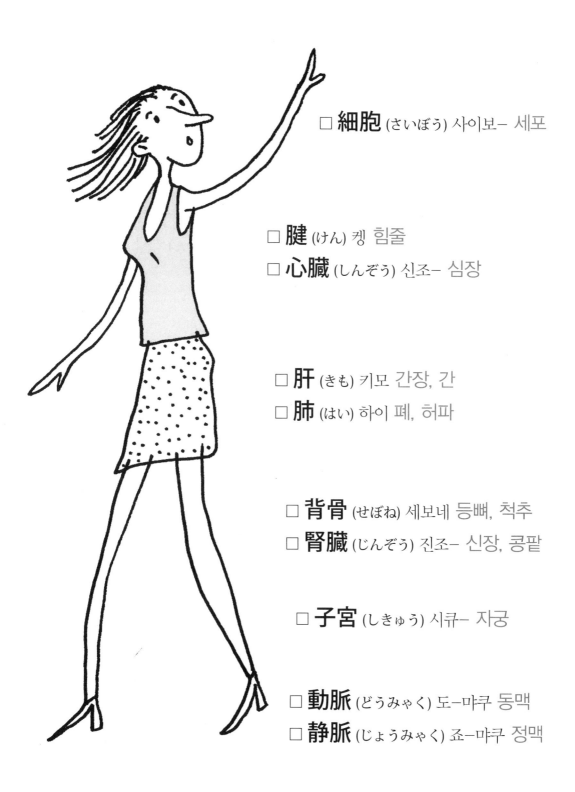

□ **細胞** (さいぼう) 사이보ー 세포

□ **腱** (けん) 켕 힘줄
□ **心臓** (しんぞう) 신조ー 심장

□ **肝** (きも) 키모 간장, 간
□ **肺** (はい) 하이 폐, 허파

□ **背骨** (せぼね) 세보네 등뼈, 척추
□ **腎臓** (じんぞう) 진조ー 신장, 콩팥

□ **子宮** (しきゅう) 시큐ー 자궁

□ **動脈** (どうみゃく) 도ー먀쿠 동맥
□ **静脈** (じょうみゃく) 죠ー먀쿠 정맥

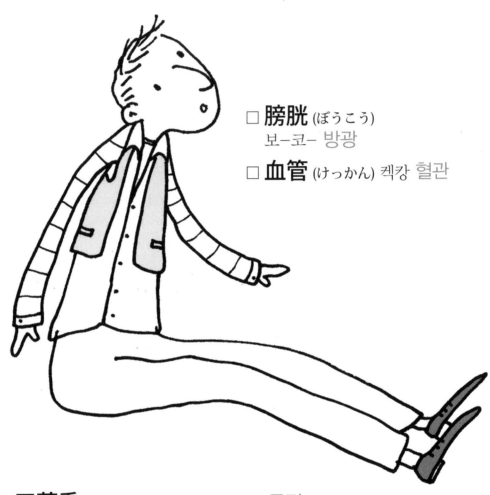

□ **膀胱** (ぼうこう)
보-코- 방광

□ **血管** (けっかん) 켁캉 혈관

□ **口蓋垂** (こうがいすい) 코-가이스이 목젖
□ **膵臓** (すいぞう) 스이조- 췌장

□ **胆囊** (たんのう) 탄노- 쓸개, 담낭
□ **十二指腸** (じゅうにしちょう) 쥬-니시쵸- 십이지장

□ **腸** (ちょう) 쵸– 장
□ **大腸** (だいちょう) 다이쵸– 대장

□ **小腸** (しょうちょう)
　쇼–쵸– 소장

□ **肉** (にく) 니쿠 살
□ **血, 血液** (ち, けつえき) 치, 케츠에키
　피, 혈액
□ **声** (こえ) 코에 목소리

□ **呼吸** (こきゅう) 코큐– 호흡

④ (우리)몸(体) – 분비물(分泌物)

□ **耳垢** (みみあか)
미미아카 귀지

□ **涙** (なみだ) 나미다 눈물

□ **鼻くそ** (はなくそ)
하나쿠소 코딱지

□ **ふけ** (ふけ) 후케 비듬

□ **おくび** (おくび)
오쿠비 트림

□ **小便** (しょうべん)
쇼－벵 소변, 오줌

□ **排泄物** (はいせつぶつ)
하이세츠부츠 배설물

□ **おなら** (おなら)
오나라 방귀

□ **欠伸** (あくび) 아쿠비 하품
□ **汗** (あせ) 아세 땀

□ **唾** (つば) 츠바 침, 타액
□ **しゃっくり** (しゃっくり)
  샥쿠리 딸꾹질
□ **くしゃみ** (くしゃみ) 쿠샤미 재채기
□ **鼻水** (はなみず) 하나미즈 콧물

chapter 5 성격(性格)

1 느낌(感じ)

□ **ムード** (むーど) 무-도 기분

□ **恋** (こい) 코이 (남녀 간의)사랑

□ **喜び** (よろこび) 요로코비 기쁨

□ **興奮** (こうふん) 코-훙 흥분

□ **幸福, 幸せ** (こうふく, しあわせ)
코-후쿠, 시아와세 행복

□ **愉快** (ゆかい) 유카이 유쾌함

□ **楽しみ** (たのしみ) 타노시미 즐거움

□ **親切** (しんせつ) 신세츠 친절

□ **想像(力)** (そうぞう(りょく)
소-조-(료쿠) 상상(력)

□ **感動** (かんどう) 칸도- 감동

□ **希望** (きぼう) 키보- 희망
□ **安心** (あんしん) 안싱 안심
□ **信頼** (しんらい) 신라이 믿음, 신뢰

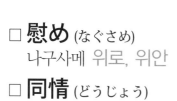

□ **慰め** (なぐさめ)
　나구사메 위로, 위안
□ **同情** (どうじょう)
　도-죠- 동정

□ **恐れ** (おそれ) 오소레 두려움
□ **心配** (しんぱい) 심파이 걱정, 고민
□ **不安** (ふあん) 후앙 불안
□ **悩み** (なやみ) 나야미 고민
□ **神経質** (しんけいしつ) 싱케-시츠
　신경과민

□ **怒り** (いかり) 이카리
노여움, 분노

□ **恥ずかしさ** (はずかしさ)
하즈카시사 부끄럼, 수치

□ **失望** (しつぼう) 시츠보– 실망

□ **うらやましさ** (うらやましさ)
우라야마시사 부러움

□ **同情** (どうじょう) 도–죠– 동정

□ **感謝** (かんしゃ) 칸샤 감사

□ **悲しみ** (かなしみ) 카나시미
슬픔, 비애

□ **誤解** (ごかい) 고카이 오해

□ **恐怖** (きょうふ)
쿄–후 공포

□ **危険** (きけん)
키켕 위험

□ **注意** (ちゅうい) 쥬–이
주의, 관심

□ **歓喜** (かんき) 캉키 환희
□ **平和** (へいわ) 헤–와 평화
□ **感情** (かんじょう) 칸죠– 감정
□ **満足** (まんぞく) 만조쿠 만족

□ **急ぎ** (いそぎ) 이소기 서두름
□ **迅速** (じんそく) 진소쿠 급함, 신속

□ **不満** (ふまん) 후망 불만
□ **予想** (よそう) 요소– 예상

□ 印象 (いんしょう) 인쇼– 인상

□ 感嘆 (かんたん) 칸탕 감탄

□ 驚愕 (きょうがく) 쿄–가쿠 경악

□ 迷惑 (めいわく) 메–와쿠 성가심, 폐

□ 嫌悪 (けんお) 켕오 혐오

□ 寂しさ (さびしさ) 사비시사 쓸쓸함, 적막함, 고독

□ **緊張** (きんちょう) 킨쵸– 긴장

□ **焦り** (あせり) 아세리 안달, 초조

□ **恐ろしさ** (おそろしさ) 오소로시사
두려운 것, 장엄함

□ **笑い** (わらい) 와라이 웃음

□ **いたずら** (いたずら)
이타즈라 장난

□ **挫折** (ざせつ) 자세츠 좌절

□ **自尊心** (じそんしん)
지손싱 자존심

성격(性格)

□ **冷静** (れいせい) 레–세– 냉정
□ **知恵** (ちえ) 치에 현명함, 지혜

□ **戦慄** (せんりつ) 센리츠
　 전율, 떨림
□ **恐怖** (きょうふ) 쿄–후 공포
□ **苦痛** (くつう) 쿠츠– 고통

□ **喜び** (よろこび) 요로코비 기쁨
□ **ユーモア** (ゆーもあ)
　 유–모아 유머, 해학

□ **興味** (きょうみ) 쿄–미
　 관심, 흥미

□ **憂鬱** (ゆううつ) 유-우츠 우울
□ **誘惑** (ゆうわく) 유-와쿠 유혹

□ **自由** (じゆう) 지유- 자유
□ **正直** (しょうじき) 쇼-지키 정직
□ **真実** (しんじつ) 신지츠 진실

□ **緊張** (きんちょう) 킨쵸- 긴장
□ **感謝** (かんしゃ) 칸샤 감사

② 감정(感情)

□ **悲しい** (かなしい)
카나시— 슬픈

□ **嬉しい**
(うれしい) 우레시—
기쁜, 행복에 가득찬

□ **混乱した**
(こんらんした) 콘란시타
혼란한, 당황한

□ **激烈な** (げきれつな)
게키레츠나 격렬한

□ **冷静な** (れいせいな)
레—세—나 냉정한

□ **お腹がいっぱいだ**
(おなかがいっぱいだ)
오나카가 입파이다
배가 부르다

□ **眠い** (ねむい)
네무이 졸린

□ **疲れた** (つかれた)
츠카레타 피로한, 지친

□ **へこたれた**
(へこたれた) 헤코타레타
녹초가 된

□ **お腹がすいた** (おなか
がすいた)
오나카가 스이타 배고픈

□ **びっくりした**
(びっくりした) 빅쿠리시타
깜짝 놀란

□ **喉が渇いた**
(のどがかわいた) 노도가 카와이타
목마른, 갈망하는

いい

□ **恥ずかしい**
(はずかしい) 하즈카시-
부끄럽다

□ **情け深い** (なさけぶかい) 나사케부카이-
인정이 많다

□ **立派な** (りっぱな) 립파나 훌륭한, 뛰어난

□ **親切な** (しんせつな) 신세츠나 친절한

□ **偉い** (えらい) 에라이 큰, 중대한, 훌륭한

☐ **夢中になった** (むちゅうになった) 무
츄-니낟타 열중한

☐ **気に入つた** (きにいった)
키니잇타 마음에 드는

☐ **公平な** (こうへいな)
코-헤-나 공평한, 정당한

☐ **穏やかな** (おだやかな)
오다야카나 온화한, 점잖은

☐ **丁寧な** (ていねいな)
테-네-나 공손한, 예의바른

☐ **素敵な** (すてきな) 스테키나 환상적인, 굉장한
☐ **すばらしい** (すばらしい) 스바라시- 훌륭한
☐ **優秀な** (ゆうしゅうな) 유-슈-나 우수한, 훌륭한

□ **残酷な** (ざんこくな) 장코쿠나
잔혹한, 무자비한

□ **恐ろしい** (おそろしい)
오소로시– 무서운, 가공할

□ **強い** (つよい) 츠요이
강한, 굳센

□ **弱い** (よわい) 요와이
약한, 무력한

□ **怖い** (こわい) 코와이
무서워하는, 겁먹은

□ **うんざりな**
(うんざりな) 운자리나
싫증난, 지루한

□ **本当の**
(ほんとうの) 혼토–노
정말의, 진실한

□ **病気した**
(びょうきした) 뵤–키시타
병의, 병에 걸린

□ **健康な** (けんこうな) 켕코–나
건강한, (형편이) 좋은

□ **間違いない** (まちがいない) 마치가이나이 틀림없는, 확실한

□ **確信する** (かくしんする) 카쿠신스루
　　확신하는, 확실한

□ **完璧な** (かんぺきな) 캄페키나
　　완전한, 결점이 없는

□ **ちんまりした** (ちんまりとした)
　　침마리시타 아담한

□ **正直な** (しょうじきな) 쇼―지키나 정직한

□ **如才ない**
　　(じょさいない) 죠사이나이
　　빈틈없는, 재치있는

□ **疑わしい**
　　(うたがわしい) 우타가와시―
　　의심스러운, 확신을 못하는

□ **ユーモラスな**
　　(ゆーもらすな)
　　유―모라스나
　　유머가 풍부한

□ **馬鹿な**
　　(ばかな) 바카나
　　미련한, 바보같은

□ **失望した** (しつぼうした)
시츠보-시타 실망한, 낙담한

□ **混乱した** (こんらんした)
콘란시타 당황한, 혼란한

□ **寂しい** (さびしい)
사비시-
외로운, 고독한

□ **無礼な** (ぶれいな)
부레-나
버릇없는, 무례한

□ **必要な** (ひつような)
히츠요-나 필요한

□ **自由な** (じゆうな)
지유-나 자유로운

□ **怠ける** (なまける) 나마케루
게으른, 나태한

□ **真面目な** (まじめな) 마지메나
근면한, 부지런한

□ **生きている** (いきている) 이키데이루
살아 있는

□ **安全だ** (あんぜんだ) 안젠다 안전하다

□ **いきいきする** (いきいきする)
이키이키스루 생생하다, 생동감있다

□ **狂う** (くるう) 쿠루우
미치다

□ **誤る** (あやまる)
아야마루
틀리다, 잘못되다

□ **勇ましい** (いさましい)
이사마시이 용감하다

□ **根気** (こんき) 콩키 끈기

□ **照れる** (てれる)
테레루 수줍어하다

□ **慌てる** (あわてる) 아
와테루 당황하다

□ **弱々しい**
(よわよわしい)
요와요와시—
연약하다, 가냘프다

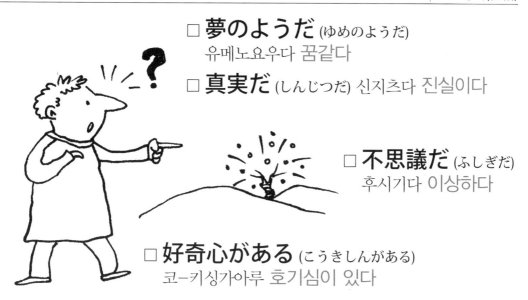

□ **夢のようだ** (ゆめのようだ)
유메노요우다 꿈같다

□ **真実だ** (しんじつだ) 신지츠다 진실이다

□ **不思議だ** (ふしぎだ)
후시기다 이상하다

□ **好奇心がある** (こうきしんがある)
코ー키싱가아루 호기심이 있다

□ **ロマンチックだ** (ろまんちっくだ) 로만칙쿠다 로맨틱하다

□ **忙しい** (いそがしい)
이소가시ー
바쁘다

□ **有名だ** (ゆうめいだ)
유ー메ー다 유명하다

□ **ポピュラーだ** (ぽぴゅらーだ)
포퓨라ー다 대중적이다, 인기있다

□ **嫉妬する** (しっとする) 싣토스루 질투하다

□ **愚かだ** (おろかだ) 오로카다 어리석다

□ **ばかばかしい** (ばかばかしい) 바카바카시ー 바보같다

③ 행동(行動)

□ **活動** (かつどう)
  카츠도– 활동

□ **生命** (せいめい)
  세–메– 생명

□ **アイデア** (あいであ) 아이데아 아이디어

□ **許し** (ゆるし) 유루시 용서

□ **アドバイス** (あどばいす) 아도바이스
  충고, 조언

□ **望み** (のぞみ) 노조미 희망, 기대

□ **夢** (ゆめ) 유메 꿈

□ **不思議** (ふしぎ)
  후시기 불가사의, 이상함

□ **冒険** (ぼうけん) 보–켕 모험

□ **幸運** (こううん) 코–웅
  행운

□ **義務** (ぎむ) 기무 의무

□ **注目** (ちゅうもく) 츄-모쿠 주목

□ **テスト** (てすと) 테스토 테스트

□ **行動** (こうどう) 코-도- 행동

□ **証拠** (しょうこ)
　쇼-코 증거

□ **努力** (どりょく)
　도료쿠 노력

□ **習慣** (しゅうかん)
　슈-캉 습관

□ **使用** (しよう) 시요- 사용

□ **入浴** (にゅうよく)
　뉴-요쿠 입욕

□ **強調** (きょうちょう) 쿄-쵸-
　강조

□ **約束** (やくそく) 야쿠소쿠 약속

□ **指定** (してい) 시테– 지정　□ **接触** (せっしょく) 셋쇼쿠 접촉
□ **基礎** (きそ) 키소 기초
□ **根拠** (こんきょ) 콩쿄 근거

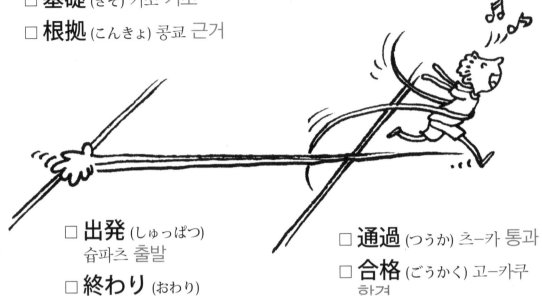

□ **出発** (しゅっぱつ)
슙파츠 출발
□ **終わり** (おわり)
오와리 끝

□ **通過** (つうか) 츠–카 통과
□ **合格** (ごうかく) 고–카쿠
합격

□ **統制** (とうせい)
토–세– 통제
□ **戦争** (せんそう) 센소– 전쟁

□ **失敗** (しっぱい) 십파이 실패
□ **服従** (ふくじゅう)
후쿠쥬– 복종

□ **治療** (ちりょう) 치료- 치료
□ **回復** (かいふく) 카이후쿠 회복
□ **休息** (きゅうそく) 큐-소쿠 휴식
□ **必要** (ひつよう) 히츠요- 필요

□ **けんか** (けんか)
켕카 싸움

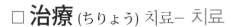

□ **勉強**
(べんきょう)
벵쿄- 공부

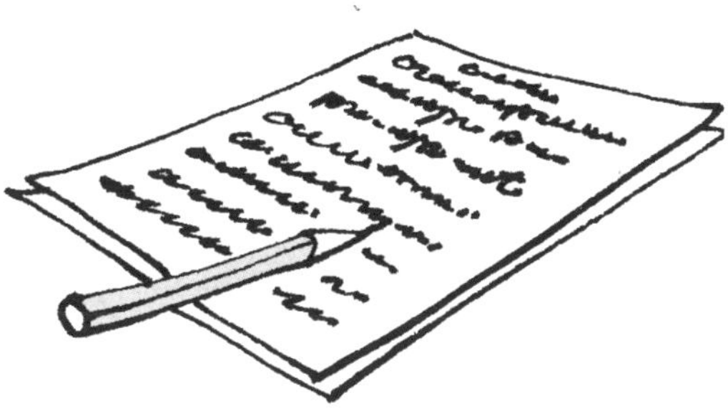

□ **記録** (きろく) 키로쿠 기록

□ **仕事** (しごと) 시고토 일, 직업
□ **事務** (じむ) 지무 사무
□ **キャリア** (きゃりあ)
캬리아 경력

□ **目的** (もくてき) 모쿠테키 목적
□ **計画** (けいかく) 케ー카쿠 계획
□ **選択** (せんたく) 센타쿠 선택

□ **機会** (きかい)
키카이 기회
□ **急ぎ** (いそぎ) 이소기
급함, 서두름
□ **ゲーム** (げーむ)
게ー무 게임

□ **スポーツ** (すぽーつ) 스포ーえ 스포츠

□ **遊び** (あそび) 아소비 놀이, 장난
□ **コピー** (こぴー) 코피ー 복사

□ **キャンプ**
(きゃんぷ) 캬푸 캠프

□ **物語り** (ものがたり)
모노가타리 이야기

□ **コンテスト** (こんてすと)
콘테스토 콘테스트, 경연

□ **行進** (こうしん)
코-싱 행진

□ **嘘** (うそ) 우소 거짓말

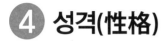
④ 성격(性格)

□ **用心深い** (ようじんぶかい)
요-짐부카이
주의깊다, 조심성이 많다

□ **不注意だ** (ふちゅういだ)
후츄-이다 부주의하다

□ **おしゃべりだ**
(おしゃべりだ) 오샤베리다
수다스럽다

□ **無礼だ** (ぶれいだ) 부레-다
버릇없다, 무례하다

□ **耐える** (たえる)
타에루 견디다, 참다

□ **冷たい** (つめたい)
츠메타이 차갑다, 냉정하다

□ **勤勉だ** (きんべんだ) 킴벤다 근면하다

□ **偏見がない** (へんけんがない) 헹켄가나이 편견이 없다

□ **嫉妬する** (しっとする)
신토스루 질투하다

□ **責任がある** (せきにんがある)
세키닝가아루 책임이 있다

□ **気まぐれな** (きまぐれな)
키마구레나 변덕스러운

□ **頑固だ**
(がんこだ) 강코다
완고하다,
고집이 세다

□ **好奇心がある**
(こうきしんがある)
코-키싱가아루 호기심 있다

□ **真剣だ** (しんけんだ)
싱켄다 진지하다

□ **開放的な** (かいほうてきな)
카이호-테키나

사교적인, 개방적인

□ **真面目だ** (まじめだ)
마지메다 성실하다

□ **憂鬱だ** (ゆううつだ)
유-우츠다 우울하다

□ **意地悪い** (いじわるい)
이지와루이 심술궂다

□ **穏やかだ** (おだやかだ) 오다야카다
온화하다, 평온하다

□ **賢い** (かしこい) 카시코이 현명하다, 슬기롭다

□ **正直だ** (しょうじきだ) 쇼-지키다 정직하다

□ **腰が低い** (こしがひくい) 코시가히쿠이 겸손하다

□ **丁寧だ** (ていねいだ) 테-네-다 예의바르다

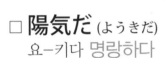

□ **陽気だ** (ようきだ)
요-키다 명랑하다

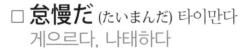

□ **勇ましい** (いさましい)
이사마시- 용감하다

□ **怠慢だ** (たいまんだ) 타이만다
게으르다, 나태하다

□ **退屈だ** (たいくつだ) 타이쿠츠다
지루하다, 따분하다

□ **愚かだ** (おろかだ) 오로카다 어리석다

□ **寛大だ** (かんだいだ)
칸타이다 관대하다

□ **繊細だ** (せんさいだ)
센사이다 섬세하다

□ **信用できる** (しんようできる)
싱요-데키루
신용할 수 있다

□ **利己的だ** (りこてきだ)
리코테키다 이기적이다

□ **積極的だ** (せっきょくてきだ)
섹쿄쿠테키다 적극적이다

□ **否定的だ** (ひていてきだ)
히테-테키다 부정적이다

□ **肯定的だ** (こうていてきだ)
코-테-테키다 긍정적이다

1 수(数)

□ ***基数** (きすう) 키스ー 기수

□ 一 (いち) 이치 일

□ 二 (に) 니 이

□ 三 (さん) 상 삼

□ 四 (し, よん) 시, 용 사

□ 五 (ご) 고 오

□ 六 (ろく) 로쿠 육

□ 七 (しち, なな) 시치, 나나 칠

□ 八 (はち) 하치 팔

□ **九** (く, きゅう) 쿠, 큐– 구

□ **十** (じゅう) 쥬– 십

□ **十一** (じゅういち)
쥬–이치 십일

□ **十二** (じゅうに) 쥬–니
십이

□ **十三** (じゅうさん) 쥬–상
십삼

□ **十四** (じゅうよん) 쥬–용
십사

□ **十五** (じゅうご) 쥬–고
십오

□ **十六** (じゅうろく) 쥬–로쿠
십육

□ **十七** (じゅうしち, じゅうなな)
쥬–시치, 쥬–나나 십칠

□ **十八** (じゅうはち) 쥬–하치 십팔

□ **十九** (じゅうきゅう) 쥬-큐- 십구
□ **二十** (にじゅう) 니쥬- 이십

□ **三十** (さんじゅう) 산쥬- 삼십
□ **四十** (よんじゅう) 욘쥬- 사십
□ **五十** (ごじゅう)) 고쥬- 오십
□ **六十** (ろくじゅう) 로쿠쥬- 육십
□ **七十** (ななじゅう) 나나쥬- 칠십
□ **八十** (はちじゅう) 하치쥬- 팔십

□ **九十** (きゅうじゅう) 큐−쥬− 구십

□ **百** (ひゃく) 햐쿠 백

□ **千** (せん) 셍 천

□ **百万** (ひゃくまん) 햐쿠망 백만

□ **十億** (じゅうおく) 쥬−오쿠 십억

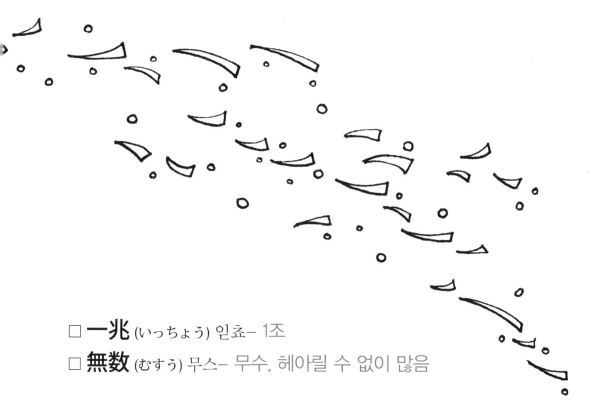

□ **一兆** (いっちょう) 잇쵸− 1조

□ **無数** (むすう) 무스− 무수, 헤아릴 수 없이 많음

□ *序数 (じょすう) 죠스- 서수

□ 一番目 (いちばんめ) 이치밤메 첫번째
□ 二番目 (にばんめ) 니밤메 두번째
□ 三番目 (さんばんめ) 삼밤메 세번째
□ 四番目 (よんばんめ) 욤밤메 네번째(의)
□ 五番目 (ごばんめ) 고밤메 다섯(번)째
□ 六番目 (ろくばんめ) 로쿠밤메 여섯번째
□ 七番目 (ななばんめ) 나나밤메 일곱번째
□ 八番目 (はちばんめ) 하치밤메 여덟번째

□ 九番目 (きゅうばんめ) 큐-밤메 아홉번째
□ 十番目 (じゅうばんめ) 쥬-밤메 열번째

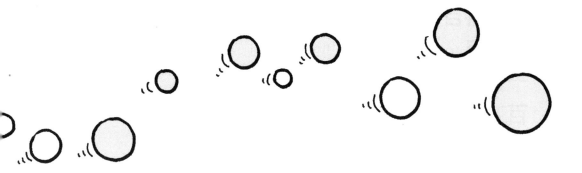

□ **十一番目** (じゅういちばんめ) 쥬–이치밤메 열한번째
□ **十二番目** (じゅうにばんめ) 쥬–니밤메 열두번째
□ **十三番目** (じゅうさんばんめ) 쥬–삼밤메 열세번째
□ **十四番目** (じゅうよんばんめ) 쥬–욤밤메 열네번째
□ **十五番目** (じゅうごばんめ) 쥬–고밤메 열다섯번째

□ **十六番目** (じゅうろくばんめ) 쥬–로쿠밤메 열여섯번째
□ **十七番目** (じゅうななばんめ) 쥬–나나밤메 열일곱번째
□ **十八番目** (じゅうはちばんめ) 쥬–하치밤메 열여덟번째
□ **十九番目** (じゅうきゅうばんめ) 쥬–큐–밤메 열아홉번째
□ **二十番目** (にじゅうばんめ) 니쥬–밤메 스무번째

□ **三十番目** (さんじゅうばんめ) 산쥬-밤메 서른번째

□ **四十番目** (よんじゅうばんめ) 욘쥬-밤메 마흔번째

□ **百番目** (ひゃくばんめ) 햐쿠밤메 백번째

□ **千番目** (せんばんめ) 셈밤메 천번째

□ **百万番目** (ひゃくまんばんめ) 햐쿠맘밤메 백만번째

□ **十億番目** (じゅうおくばんめ) 쥬-오쿠밤메 십억번째

□ **一回** (いっかい) 익카이 한 번

□ **二回** (にかい) 니카이 두 번

□ **三回** (さんかい) 상카이 세 번

□ **三倍** (さんばい) 삼바이 세 배

□ **足し算** (たしざん) 타시장 덧셈

□ **引き算** (ひきざん) 히키장 뺄셈

□ **掛け算** (かけざん) 카케장 곱셈

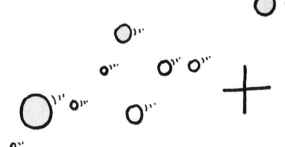

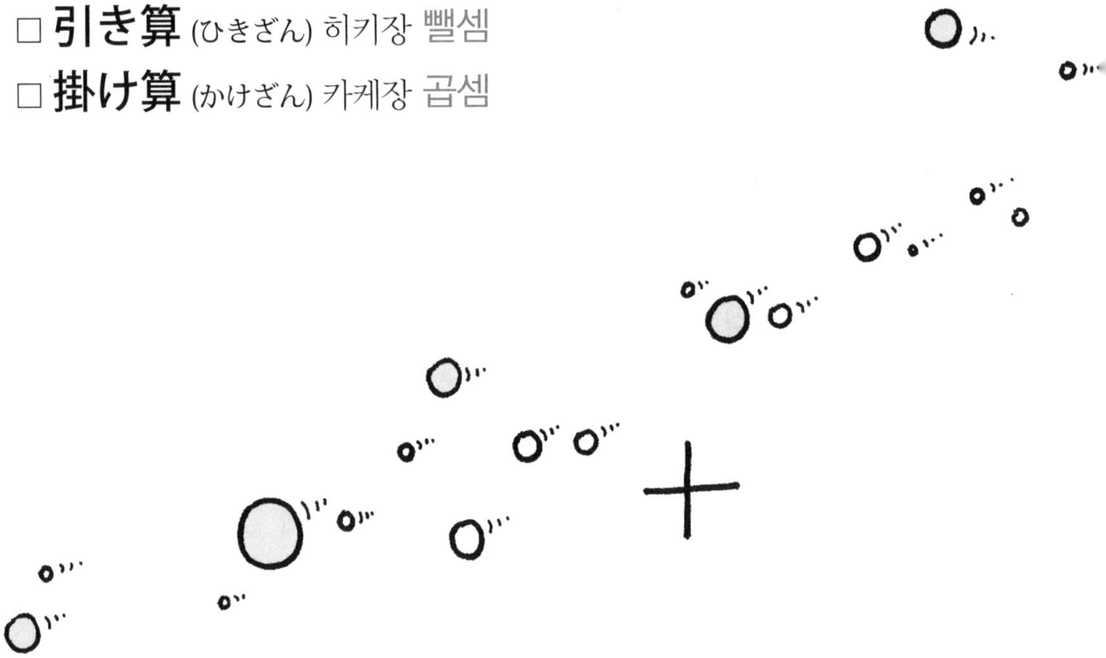

□ **割り算** (わりざん) 와리장 나눗셈

□ **側面** (そくめん) 소쿠멩 측면

□ **一直線** (いっちょくせん)
인쵸쿠셍 일직선

□ **角, 角度** (かく, かくど)
카쿠, 카쿠도 각, 각도

□ **形** (かたち) 카타치 모양, 형태

□ **円** (えん) 엥 원

□ **正方形** (せいほうけい)
세─호─케─ 정사각형

□ **長方形** (ちょうほうけい)
쵸─호─케─ 직사각형

□ **三角形** (さんかくけい)
상카쿠케─ 삼각형

② 달(月)

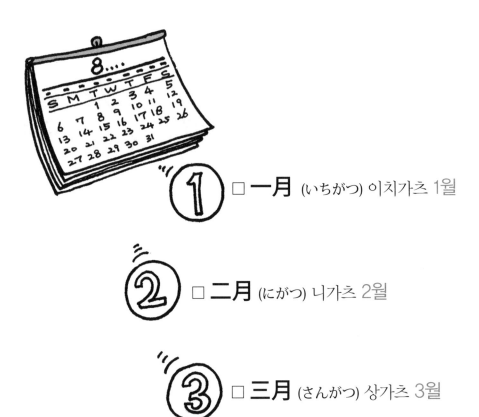

☐ 一月 (いちがつ) 이치가츠 1월

☐ 二月 (にがつ) 니가츠 2월

☐ 三月 (さんがつ) 상가츠 3월

☐ 四月 (しがつ) 시가츠 4월

☐ 五月 (ごがつ) 고가츠 5월

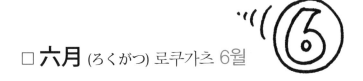

☐ 六月 (ろくがつ) 로쿠가츠 6월

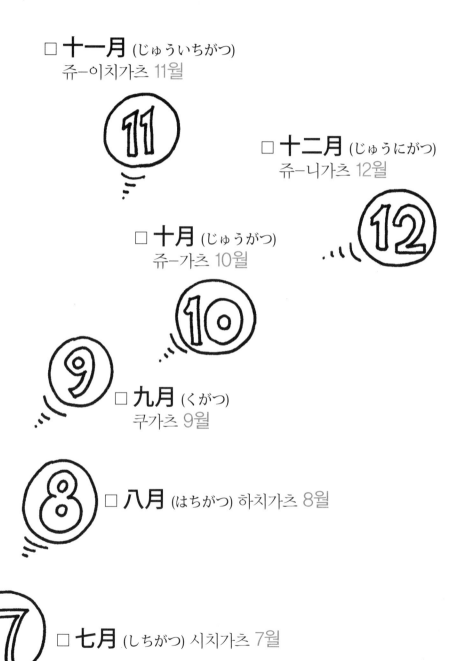

□ **十一月** (じゅういちがつ)
쥬-이치가츠 11월

□ **十二月** (じゅうにがつ)
쥬-니가츠 12월

□ **十月** (じゅうがつ)
쥬-가츠 10월

□ **九月** (くがつ)
쿠가츠 9월

□ **八月** (はちがつ) 하치가츠 8월

□ **七月** (しちがつ) 시치가츠 7월

③ 공휴일과 특별한 날 (祝日)

☐ **誕生日** (たんじょうび) 탄죠-비 생일

☐ **お正月** (おしょうがつ) 오쇼-가츠 정월, 설날

☐ **お盆** (おぼん) 오봉 오봉, 추석

☐ **クリスマス** (くりすます) 쿠리스마스 크리스마스, 성탄절

☐ **バレンタインデー** (ばれんたいんでー)
   바렌타인데- 발렌타인 데이

☐ **還暦** (かんれき) 칸레키 환갑

☐ **子供の日** (こどものひ) 코도모노히 어린이 날

☐ **植樹祭** (しょくじゅさい) 쇼쿠쥬사이 식목일

□ **父の日, 母の日** (ちちのひ, ははのひ) 치치노히, 하하노히
　아버지의 날, 어머니의 날 (어버이날)

□ **記念日** (きねんび) 키넴비 기념일

□ **元日** (がんじつ) 간지츠 원단, 설날

□ **独立運動の日** (どくりつうんどうのひ)
　도쿠리츠운도-노히 독립운동일

□ **先生の日** (せんせいのひ) 센세-노히 스승의 날

□ **顕忠日** (けんちゅうび) 켄츄-비 현충일

□ **憲法記念日** (けんぽうきねんび) 켐포-키넴비 헌법 기념일

□ **建国記念の日** (けんこくきねんのひ) 켕코쿠키넨노히 건국 기념일

□ **ハングルの日** (はんぐるのひ) 항구루노히 한글날

□ **ハローイン** (はろーいん) 하로-잉
할로윈, 모든 성인의 날 전야 (10월 31일)

□ **生まれてから百日** (うまれてからひゃくにち)
우마레테카라 햐쿠니치 백일(아이가 태어난지 백일째)

□ **初誕生日** (はつたんじょうび) 하츠탄죠-비 돌(돐)

□ **結婚記念日** (けっこんきねんび) 켁콘키넴비 결혼기념일

□ **引っ越し祝い** (ひっこしいわい) 힉코시이와이 집들이파티

□ **びっくりパーティー** (びっくりぱーてぃー)
빅쿠리파-티- 깜짝파티

□ **送別会** (そうべつかい) 소-베츠카이 송별회

□ **歓迎会** (かんげいかい) 캉게-카이 환영회

□ **忘年会** (ぼうねんかい) 보넹카이 송년회, 망년회

□ **復活祭** (ふっかつさい) 훅카츠사이 부활제, 부활절

□ **夏至** (げし) 게시 하지

□ **冬至** (とうじ) 토-지 동지

□ **陰暦** (いんれき) 인레키 음력

□ **陽暦** (ようれき) 요-레키 양력

□ **閏年** (うるうどし, じゅんねん) 우루-도시, 쥰넹 윤년

PART 2.

업무(業務)

교통(交通)

1 탈것(乗り物)

□ **車** (くるま) 쿠루마 차, 자동차

□ **バス** (ばす) 바스 버스

□ **列車** (れっしゃ) 렛샤 열차, 기차

□ **地下鉄** (ちかてつ) 치카테츠 지하철

□ **急行列車** (きゅうこうれっしゃ) 큐-코-렛샤 급행열차

□ **直行列車** (ちょっこうれっしゃ) 쵹코-렛샤 직행열차

□ **貨物列車** (かもつれっしゃ) 카모츠렛샤 화물열차

□ **弾丸列車** (だんがんれっしゃ) 당간렛샤 초고속열차

□ **飛行機** (ひこうき)
히코-키 비행기

□ **二階バス** (にかいばす)
니카이바스 2층버스

□ **観光バス** (かんこうばす)
캉코―바스 관광버스

□ **スクーター**
(すくーたー)
스쿠―타― 스쿠터

□ **トラック** (とらっく)
토락쿠 트럭

□ **渡し船** (わたしぶね)
와타시부네 나룻배

□ **船** (ふね) 후네 배

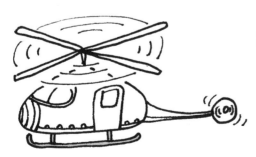

□ **ヘリコプター** (へりこぷたー)
헤리코푸타― 헬리콥터

□ **キャンピングカー** (きゃんぴんぐかー) 캼핑구카ー

캠핑카

□ **ジープ** (じーぷ)
지ー푸 지프

□ **ヨット** (よっと)
욛토 요트

□ **自転車** (じてんしゃ)
지텐샤 자전거

□ **オートバイ** (おーとばい)
오ー토바이 오토바이

□ **コンバーチブル** (こんばーちぶる)
콤바ー치부루 컨버터블

□ **清掃車** (せいそうしゃ) 세ー소ー샤 청소차

② 도로(道路)

□ **鉄道** (てつどう) 테츠도– 철도

□ **鉄道の踏み切り** (てつどうのふみきり) 테츠
도–노후미키리 철도 건널목

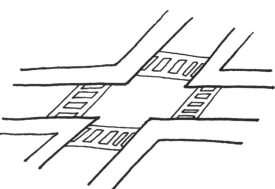

□ **交差点** (こうさてん)
코–사텡 교차로

□ **十字路** (じゅうじろ)
쥬–지로 십자로

□ **四つ角** (よつかど) 요츠카도 네거리

□ **横断歩道** (おうだんほどう) 오–단호도– 횡단보도

□ **歩道, 人道** (ほどう, じんどう) 호도–, 진도– 보도, 인도

□ **一方通路** (いっぽうつうろ)
입포–츠–로 일방통행로

□ **小道** (こみち) 코미치 골목, 옆길

□ **非舗装道路** (ひほそうどうろ) 히호소—도—로 비포장도로

□ **国道** (こくどう) 코쿠도— 국도

□ **大通り** (おおどおり) 오—도—리 큰길, 대로

□ **近道** (ちかみち) 치카미치 지름길, 최단로

□ **地下道** (ちかどう)
치카도— 지하도

□ **路地裏** (ろじうら)
로지우라 뒷골목

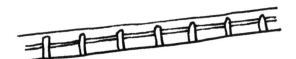

□ **高速道路** (こうそくどうろ)
코—소쿠도—로 고속도로

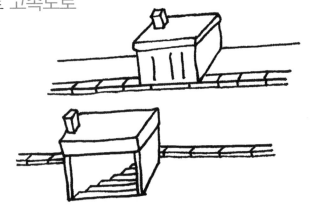

□ **ガードレール**
(がーどれーる) 가—도레—루
가드레일

□ **路肩** (ろかた) 로카타 갓길

③ 부대시설 및 관련용어 (付帯施設)

□ **切符売場** (きっぷうりば)
킵푸우리바 매표소

□ **運賃** (うんちん) 운칭 운임
□ **前金** (まえきん) 마에킹 선불, 선금
□ **前売り券** (まえうりけん)
마에우리켕 예매권

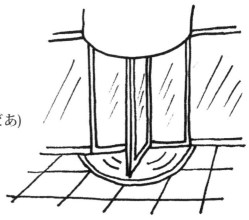

□ **回転ドア** (かいてんどあ)
카이텐도아 회전문

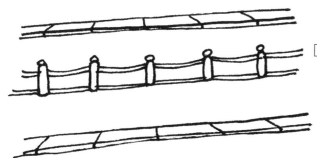

□ **中央分離帯**
(ちゅうおうぶんりたい)
쥬–오–분리타이 중앙분리대

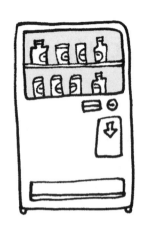

□ **自動販売機** (じどうはんばいき)
지도-함바이키 자동판매기

□ **バス停** (ばすてい) 바스테- 버스정류장

□ **タクシー乗り場** (たくしーのりば)
타쿠시-노리바 택시승차장

□ **駅** (えき) 에키 (철도, 전철)역

□ **駐車場** (ちゅうしゃじょう)
츄-샤죠- 주차장

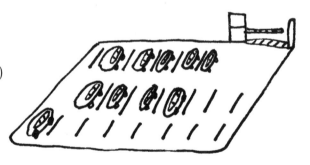

□ **ガソリンスタンド**
(がそりんすたんど)
가소린스탄도 주유소

□ **交通信号** (こうつうしんごう) 코-츠-싱고 교통신호

□ **運転免許** (うんてんめんきょ)
운템멩쿄 운전면허

□ **シートベルト** (しーとべると)
시-토베루토 안전벨트

□ **ハンドル**
(はんどる) 한도루
(자동차의)핸들

□ **乗客** (じょうきゃく)
죠-캬쿠 승객

□ **交通標識** (こうつうひょうしき)
코-츠-효-시키 교통표지

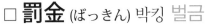
chapter 1
교통(交通)

□ **罰金** (ばっきん) 박킹 벌금

□ **速度違反** (そくどいはん)
소쿠도이항 속도위반

□ **制限速度** (せいげんそくど) 세-겐소쿠도 제한속도

□ **歩行者** (ほこうしゃ)
호코-샤 보행자

□ **交通渋滞** (こうつうじゅうたい) 코-츠-쥬-타이 교통체증

□ **立ち入り禁止** (たちいりきんし)
타치이리킨시 출입금지

chapter 2

회사(会社)

1 사무실(事務所)

□ **受付係** (うけつけがかり) 우케츠케가카리 접수원
□ **公文書** (こうぶんしょ)
코−분쇼 공문서

□ **エレベーター** (えれべーたー)
에레베−타− 엘리베이터
□ **自動ドア** (じどうどあ)
지도−도아 자동문
□ **設備** (せつび) 세츠비 설비
□ **回転ドア** (かいてんどあ) 카이텐도아 회전문

□ **国民の祝祭日**
(こくみんのしゅくさいじつ)
코쿠민노 슈쿠사이지츠 국경일
□ **法定休日** (ほうていきゅうじつ)
호−테−큐−지츠 법정휴일
□ **有給休暇** (ゆうきゅうきゅうか)
유−큐−큐−카 유급휴가

□ **喫煙室** (きつえんしつ) 키츠엔시츠 흡연실

□ **禁煙区域** (きんえんくいき)
킹엥쿠이키 금연구역

□ **備品** (びひん) 비힝 비품

□ **ファイルキャビネット**
(ふぁいるきゃびねっと)
화이루캬비넽토
파일 캐니닛, 서류정리함

□ **金庫** (きんこ) 킹코 금고

□ **引き出し** (ひきだし)
히키다시 서랍

□ **回転椅子**
(かいてんいす) 카이텐이스
회전의자

② 사무용품(事務用品)

□ **ラップトップ** (らっぷとっぷ)
랍푸톱푸 랩탑, 노트북 컴퓨터

□ **コンピューター** (こんぴゅーたー) 콤퓨–타– 컴퓨터

□ **複写機** (ふくしゃき) 후쿠샤키 복사기

□ **電話機** (でんわき) 뎅와키 전화기

□ **名刺** (めいし) 메–시 명함

□ **オフィステーブル**
(おふぃすてーぶる)
오휘스테–부루 사무용 책상

□ **電卓** (でんたく) 덴타쿠
전자식 탁상 계산기

□ **書類** (しょるい) 쇼루이 서류

□ **ファクシミリ**
(ふぁくしみり) 화쿠시미리
팩스기

□ **携帯電話** (けいたいでんわ)
케–타이뎅와 휴대전화

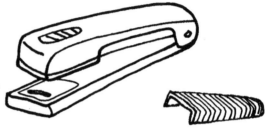

□ **ステープらー** (すて–ぷらー)
스테–푸라– 스테이플러

□ **ステープル** (すて–ぷる)
스테–푸루 (스테이플러의) 철침

□ **マーカー** (まーかー)
마–카– 마커, 매직펜

□ **画鋲** (がびょう)
가뵤– 압핀

□ **クリップ**
(くりっぷ) 쿠립푸 클립

☐ **文房具** (ぶんぼうぐ) 붐보-구 문방구

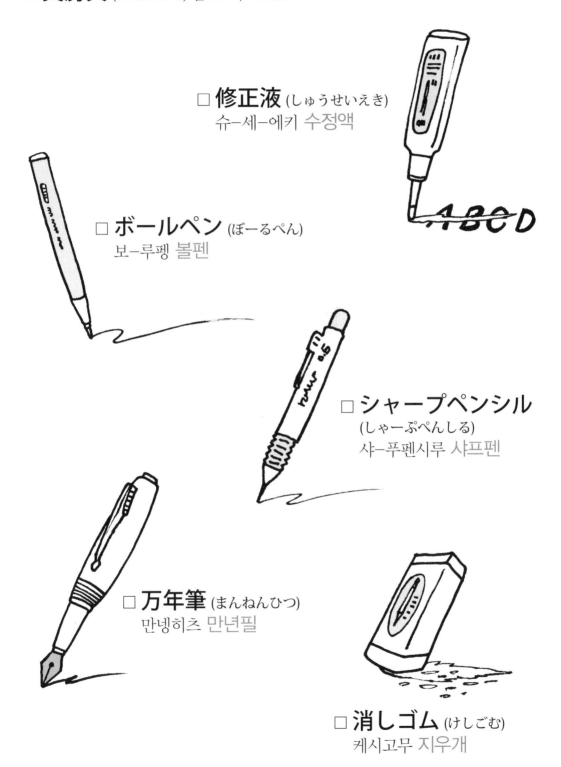

☐ **修正液** (しゅうせいえき)
슈-세-에키 수정액

☐ **ボールペン** (ぼーるぺん)
보-루펭 볼펜

☐ **シャープペンシル**
(しゃーぷぺんしる)
샤-푸펜시루 샤프펜

☐ **万年筆** (まんねんひつ)
만넹히츠 만년필

☐ **消しゴム** (けしごむ)
케시고무 지우개

③ 회의(会議)

□ **会議** (かいぎ) 카이기 회의
□ **会議室** (かいぎしつ) 카이기시츠 회의실
□ **議題** (ぎだい) 기다이 안건, 의제

□ **出席者** (しゅっせきしゃ) 슛세키샤 출석자
□ **参加者** (さんかしゃ) 상카샤 참가자
□ **懸案問題** (けんあんもんだい) 켕암몬다이 현안문제

□ 図表 (ずひょう) 즈효– 도표
□ グラフ (ぐらふ) 구라후 그래프

□ 交渉中 (こうしょうちゅう) 코–쇼–츄– 교섭중
□ 討論 (とうろん) 토–롱 토론
□ 交渉 (こうしょう) 코–쇼– 교섭
□ 契約 (けいやく) 케–야쿠 계약

□ **提案** (ていあん) 테–앙 제안
□ **結論** (けつろん) 케츠론 결론

□ **聴衆** (ちょうしゅう) 쵸–슈– 청중
□ **会議** (かいぎ) 카이기 회의
□ **朝会** (ちょうかい) 쵸–카이 조회

□ **会談** (かいだん) 카이당 회담

□ **集会** (しゅうかい) 슈-카이 집회

□ **取締役委員会** (とりしまりやくいいんかい)
토리시마리야쿠 이잉카이 이사(중역,임원)회

④ 회사(会社)

□ **面接** (めんせつ) 멘세츠 면접
□ **履歴書** (りれきしょ) 리레키쇼 이력서
□ **雇用** (こよう) 코요– 고용

□ **仕事** (しごと) 시고토 일, 노동

□ **給料** (きゅうりょう) 큐–료– 봉급
□ **ボーナス** (ぼーなす) 보–나스
보너스, 상여금

□ **出勤** (しゅっきん) 슉킨 출근
□ **欠勤** (けっきん) 켁킨 결근
□ **昇進** (しょうしん) 쇼―싱 승진
□ **隠退** (いんたい) 인타이 은퇴

□ **年金** (ねんきん) 넹킹 연금
□ **年金受取人** (ねんきんうけとしにん)
넹킨우케토리 연금수령인

□ **辞職** (じしょく) 지쇼쿠 사직

□ **設立** (せつりつ) 세츠리츠 설립
□ **本社** (ほんしゃ) 혼샤 본사

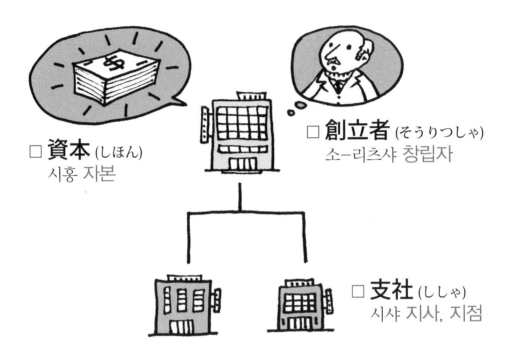

□ **資本** (しほん)
시홍 자본

□ **創立者** (そうりつしゃ)
소-리츠샤 창립자

□ **支社** (ししゃ)
시샤 지사, 지점

□ **休日** (きゅうじつ) 큐-지츠 휴일
□ **病気休暇** (びょうききゅうか) 뵤-키큐-카 병가휴일

□ **雇い主** (やといぬし)
야토이누시 고용주

□ **従業員** (じゅうぎょういん)
쥬-교-잉 종업원

□ **経営** (けいえい) 케−에− 경영

□ **投資** (とうし) 토−시 투자

□ **黒字** (くろじ)
쿠로지 흑자

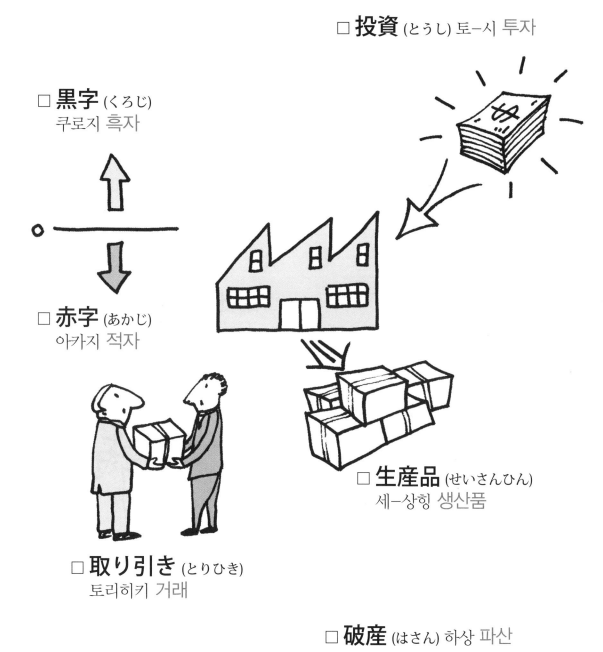

□ **赤字** (あかじ)
아카지 적자

□ **生産品** (せいさんひん)
세−상힝 생산품

□ **取り引き** (とりひき)
토리히키 거래

□ **破産** (はさん) 하상 파산
□ **合併** (がっぺい) 갑페이 합병

⑤ 지위(地位)

□ **最高経営者** (さいこうけいえいしゃ)
사이코-케-에-샤 최고경영자(CEO)

□ **会長** (かいちょう)
카이쵸- 회장

□ **社長** (しゃちょう)
샤쵸- 사장

□ **専務理事** (せんむりじ)
셈무리지 전무이사

□ **常務理事** (じょうむりじ)
죠-무리지 상무이사

□ **管理者** (かんりしゃ)
칸리샤 관리자

□ **重役** (じゅうやく)
쥬-야쿠 중역, 임원

□ **副社長** (ふくしゃちょう)
후쿠샤쵸- 부사장

□ **部長** (ぶちょう) 부쵸- 부장
□ **課長** (かちょう) 카쵸- 과장
□ **代理** (だいり) 다이리 대리

□ **助手** (じょしゅ) 죠슈 조수
□ **秘書** (ひしょ) 히쇼 비서

□ **同僚** (どうりょう) 도-료- 동료
□ **新入社員** (しんにゅうしゃいん)
신뉴-샤잉 신입사원

□ **上司** (じょうし) 죠-시 상사
□ **職員** (しょくいん) 쇼쿠잉 직원

133

⑥ 부서(部署)

□ **課** (か) 카 (회사의)과
□ **監査部** (かんさぶ) 칸사부 감사부

□ **企画部** (きかくぶ)
키카쿠부 기획부

□ **経理部** (けいりぶ)
케ー리부 경리부

□ **総務部** (そうむぶ) 소-무부 총무부
□ **人事部** (じんじぶ) 진지부 인사부

□ **営業部** (えいぎょうぶ)
에-교-부 영업부

□ **秘書室** (ひしょしつ)
히쇼시츠 비서실

chapter 3

직업(職業)

□ **判事** (はんじ) 한지 판사
□ **検事** (けんじ) 켄지 검사
□ **弁護士** (べんごし) 벵고시
　변호사

□ **教授** (きょうじゅ) 쿄-쥬 교수
□ **教師** (きょうし) 쿄-시 교사

□ **軍人** (ぐんじん) 군징 군인

□ **歌手** (かしゅ) 카슈 가수

□ **ダンサー** (だんさー)
단사- 댄서, 무용가

□ **獣医** (じゅうい)
쥬-이 수의, 수의사

□ **医者** (いしゃ) 이샤 의사

□ **外科医者** (げかいしゃ)
게카이샤 외과의사

□ **内科医者** (ないかいしゃ)
나이카이샤 내과의사

□ **歯医者** (はいしゃ) 하이샤
치과의사

□ **美容師** (びようし)
비요-시 미용사

□ **床屋** (とこや) 토코야
이발소, 이발사

□ **看護婦** (かんごふ)
캉고후 간호사

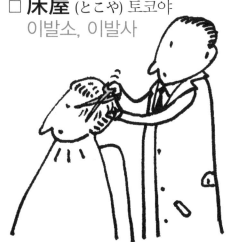

□ **薬剤師** (やくざいし)
야쿠자이시 약사

□ **コック** (こっく) 콕쿠 요리사

□ **パティシエ** (ぱてぃしぇ) 파티셰
파티쉐, 제빵사

□ **タクシードライバー**
(たくしーどらいばー)
타쿠시−도라이바−
택시 기사

□ **作家** (さっか) 삭카 작가

□ **小説家** (しょうせつか)
쇼−세츠카 소설가

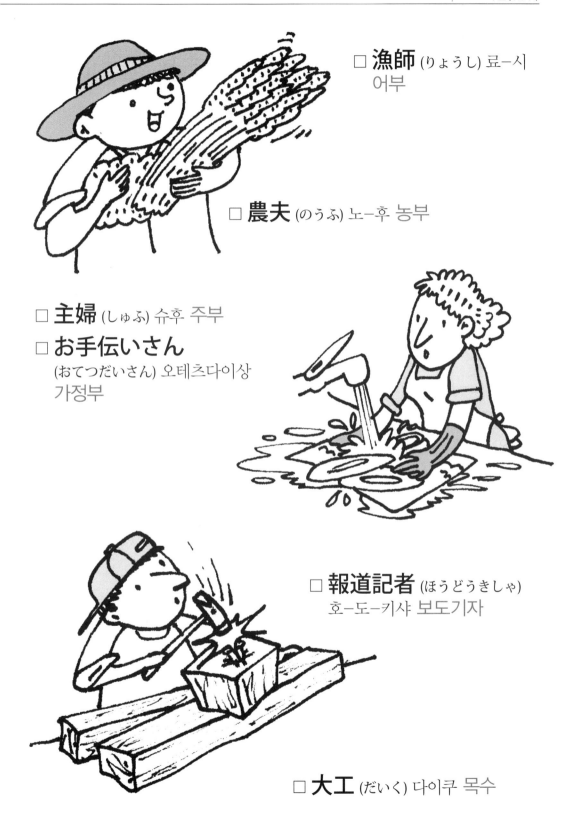

□ **漁師** (りょうし) 료-시
어부

□ **農夫** (のうふ) 노-후 농부

□ **主婦** (しゅふ) 슈후 주부

□ **お手伝いさん**
(おてつだいさん) 오테츠다이상
가정부

□ **報道記者** (ほうどうきしゃ)
호-도-키샤 보도기자

□ **大工** (だいく) 다이쿠 목수

139

□ **物理学者** (ぶつりがくしゃ)
부츠리가쿠샤 물리학자

□ **科学者** (かがくしゃ)
카가쿠샤 과학자

□ **化学者** (かがくしゃ)
카가쿠샤 화학자

□ **宇宙飛行士** (うちゅうひこうし)
우츄-히코-시 우주비행사

□ **大統領** (だいとうりょう)
다이토-료- 대통령

□ **清掃作業員** (せいそうさぎょういん)
세-소-사교-잉 청소원

□ **公務員** (こうむいん)
코-무잉 공무원

□ **消防士** (しょうぼうし)
쇼-보-시 소방관

□ **警察官** (けいさつかん)
케-사츠캉 경찰관

□ **パイロット**
(ぱいろっと)
파이론토 조종사

□ **スチュワーデス**
(すちゅわーです) 스츄와−데스
스튜어디스(여승무원)

□ **スチュワード**
(すちゅわーど) 스츄와−도
스튜어드(남자승무원)

□ **指揮者** (しきしゃ)
시키샤 지휘자

□ **音楽家** (おんがくか)
옹가쿠카 음악가

□ **建築家** (けんちくか)
켄치쿠카 건축가

□ **実業家** (じつぎょうか)
지츠교−카 실업가

□ **使者** (ししゃ)
시샤 심부름하는 사람

□ **画家** (がか) 가카 화가

141

□ **作曲家** (さっきょくか)
삭쿄쿠카 작곡가

□ **男優** (だんゆう) 당유– 남자배우
□ **女優** (じょゆう) 죠유– 여자배우

□ **監督** (かんとく)
칸토쿠 감독

□ **会計士** (かいけいし)
카이케–시 회계사

□ **通訳者** (つうやくしゃ)
츠–야쿠샤 통역가

□ **聖職者** (せいしょくしゃ)
세–쇼쿠샤 성직자

□ **翻訳者** (ほんやくしゃ)
홍야쿠샤 번역가

□ **コメディアン** (こめでぃあん)
코메디앙 코미디언, 희극배우

□ **アナウンサー** (あなうんさー)
아나운사ー 아나운서

□ **エンジニア** (えんじにあ)
엔지니아 엔지니어, 기사

□ **デザイナー** (でざいなー)
데자이나ー 디자이너

□ **外交官** (がいこうかん)
가이코ー캉 외교관

□ **探偵** (たんてい) 탄테ー 탐정

143

chapter 4 학교(学校)

1 조직(組織)

□ **幼稚園** (ようちえん)
요-치엥 유치원

□ **小学校** (しょうがっこう)
쇼-각코- 초등학교

□ **中学校** (ちゅうがっこう)
츄-각코- 중학교

□ **高等学校** (こうとうがっこう)
코-토-각코- 고등학교

□ **講堂** (こうどう) 코-도- 강당

□ **保健室** (ほけんしつ)
호켄시츠 양호실, 보건실

□ **運動場** (うんどうじょう)
운도-죠- 운동장

□ **体育館** (たいいくかん)
타이-쿠칸 체육관

□ **学校食堂** (がっこうしょくどう)
각코-쇼쿠도- 학교식당

□ **単科大学** (たんかだいがく) 탕카다이가쿠 단과대학
□ **総合大学** (そうごうだいがく) 소―고―다이가쿠 종합대학
□ **大学院** (だいがくいん) 다이가쿠잉 대학원

□ **寮** (りょう) 료― 기숙사

□ **図書館** (としょかん)
토쇼캉 도서관

□ **休憩室** (きゅうけいしつ)
큐―케―시츠 휴게실

□ **講義室** (こうぎしつ)
코―기시츠 강의실

□ **教職員室** (きょうしょくいんしつ) 쿄―쇼쿠인시츠 교직원실
□ **実験室** (じっけんしつ) 직켄시츠 실험실

② 교실(教室)

□ **教育** (きょういく)
쿄-이쿠 교육

□ **クラス** (くらす) 쿠라스
클래스, 학급

□ **学年** (がくねん) 가쿠넹 학년

□ **試験** (しけん) 시켕 시험

□ **期末レポート** (きまつれぽーと)
키마츠레포-토 기말 레포트

□ **宿題** (しゅくだい)
슈쿠다이 숙제

□ **奨学金** (しょうがくきん)
쇼-가쿠킹 장학금

□ **成績表** (せいせきひょう)
세-세키효- 성적표

□ **成績証明書** (せいせきしょうめいしょ)
세-세키쇼-메-쇼 성적증명서

□ **授業料** (じゅぎょうりょう) 쥬교−료− 수업료
□ **卒業証書** (そつぎょうしょうしょ) 소츠교−쇼−쇼 졸업증서

□ **授業** (じゅぎょう) 쥬교− 수업
□ **カリキュラム** (かりきゅらむ)
　카리큐라무 커리큘럼, 교육과정

□ **学期** (がっき) 각키 학기

□ **参考書籍**
　(さんこうしょせき)
　상코−쇼세키 참고서적

□ **教科書** (きょうかしょ) 쿄−카쇼 교과서
□ **専攻科目** (せんこうかもく) 셍코−카모쿠 전공과목
□ **学位** (がくい) 가쿠이 학위

□ **単位** (たんい) 탕이 단위, 학점
□ **卒業記念アルバム** (そつぎょうきねんあるばむ)
　소츠교−키넹 아루바무 졸업기념앨범

③ 학과목(科目)

☐ **選択科目** (せんたくかもく)
센타쿠카모쿠 선택과목

☐ **教養科目** (きょうようかもく)
쿄-요-카모쿠 교양과목

☐ **必須科目** (ひっすかもく)
힛스카모쿠 필수과목

☐ **韓国語** (かんこくご)
캉코쿠고 한국어

☐ **言語学** (げんごがく)
겡고가쿠 언어학

☐ **数学** (すうがく) 스-가쿠 수학

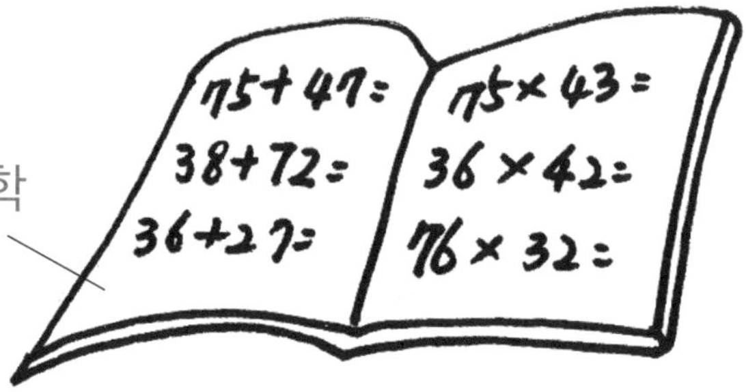

☐ **代数学** (だいすうがく)
다이스-가쿠 대수학

☐ **歴史** (れきし) 레키시 역사

☐ **科学** (かがく) 카가쿠 과학

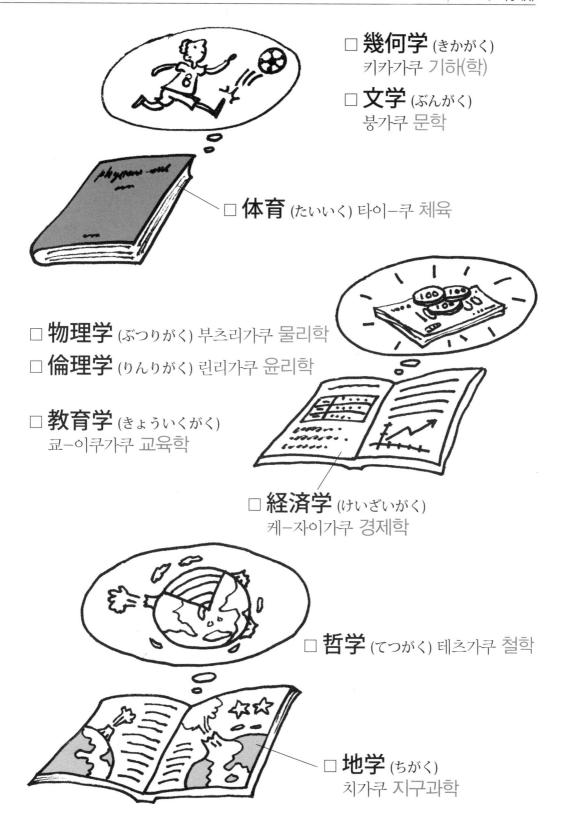

□ **幾何学** (きかがく)
키카가쿠 기하(학)

□ **文学** (ぶんがく)
붕가쿠 문학

□ **体育** (たいいく) 타이−쿠 체육

□ **物理学** (ぶつりがく) 부츠리가쿠 물리학
□ **倫理学** (りんりがく) 린리가쿠 윤리학

□ **教育学** (きょういくがく)
쿄−이쿠가쿠 교육학

□ **経済学** (けいざいがく)
케−자이가쿠 경제학

□ **哲学** (てつがく) 테츠가쿠 철학

□ **地学** (ちがく)
치가쿠 지구과학

□ **化学** (かがく) 카가쿠 화학

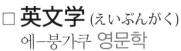— □ **植物学** (しょくぶつがく)
쇼쿠부츠가쿠 식물학

□ **英文学** (えいぶんがく)
에-붕가쿠 영문학

□ **生物学** (せいぶつがく)
세-부츠가쿠 생물학

□ **生態学** (せいたいがく)
세-타이가쿠 생태학

□ **生理学** (せいりがく)
세-리가쿠 생리학

□ **社会学** (しゃかいがく)
샤카이가쿠 사회학

□ **神学** (しんがく) 싱가쿠 신학

□ **人類学** (じんるいがく) 진루이가쿠 인류학

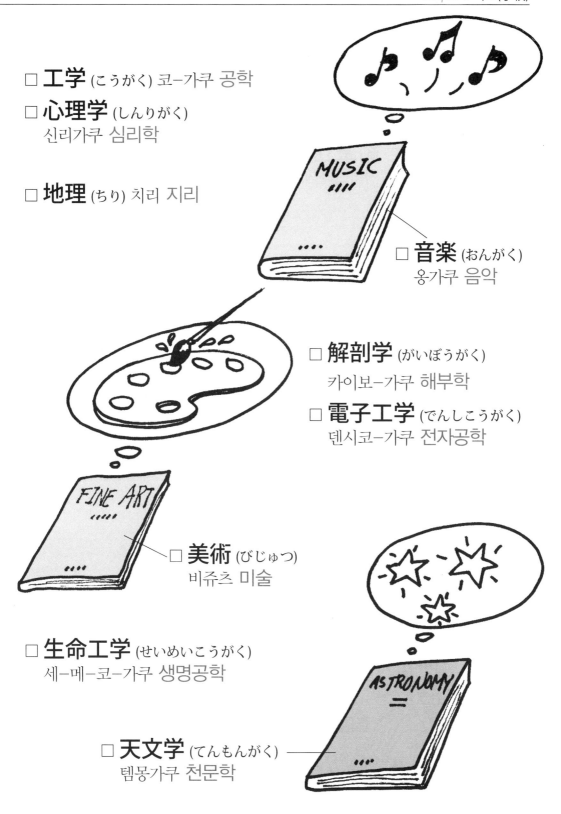

☐ **工学** (こうがく) 코-가쿠 공학

☐ **心理学** (しんりがく)
신리가쿠 심리학

☐ **地理** (ちり) 치리 지리

☐ **音楽** (おんがく)
옹가쿠 음악

☐ **解剖学** (かいぼうがく)
카이보-가쿠 해부학

☐ **電子工学** (でんしこうがく)
덴시코-가쿠 전자공학

☐ **美術** (びじゅつ)
비쥬츠 미술

☐ **生命工学** (せいめいこうがく)
세-메-코-가쿠 생명공학

☐ **天文学** (てんもんがく)
템몽가쿠 천문학

4 문구(文房具)

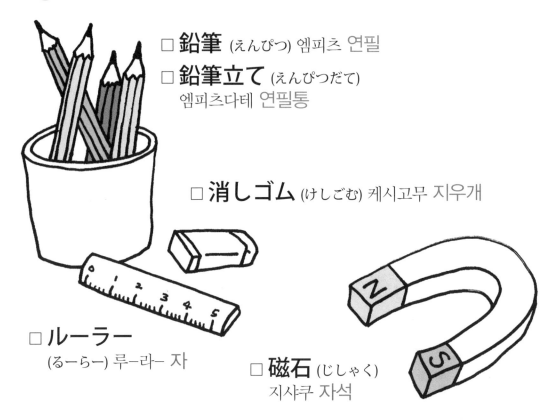

□ **鉛筆** (えんぴつ) 엠피츠 연필

□ **鉛筆立て** (えんぴつだて)
엠피츠다테 연필통

□ **消しゴム** (けしごむ) 케시고무 지우개

□ **ルーラー**
(るーらー) 루ー라ー 자

□ **磁石** (じしゃく)
지샤쿠 자석

□ **掲示板** (けいじばん) 케ー지반 게시판

□ **地球儀** (ちきゅうぎ) 치큐ー기 지구본

□ **グルー** (ぐるー) 구루ー 풀

□ **地図** (ちず) 치즈 지도

□ **地図帳** (ちずちょう) 치즈쵸ー 지도책

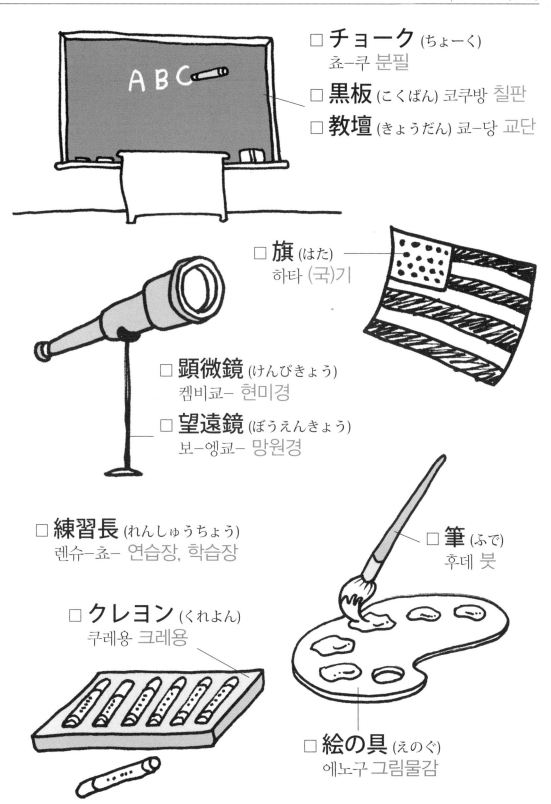

□ **チョーク** (ちょーく)
쵸-쿠 분필

□ **黒板** (こくばん) 코쿠방 칠판

□ **教壇** (きょうだん) 쿄-당 교단

□ **旗** (はた)
하타 (국)기

□ **顕微鏡** (けんびきょう)
켐비쿄- 현미경

□ **望遠鏡** (ぼうえんきょう)
보-엥쿄- 망원경

□ **練習長** (れんしゅうちょう)
렌슈-쵸- 연습장, 학습장

□ **筆** (ふで)
후데 붓

□ **クレヨン** (くれよん)
쿠레용 크레용

□ **絵の具** (えのぐ)
에노구 그림물감

⑤ 행사(行事)

□ **入学式** (にゅうがくしき) 뉴ー가쿠시키 입학식
□ **卒業式** (そつぎょうしき) 소츠교ー시키 졸업식

□ **運動会** (うんどうかい) 운도ー카이 운동회
□ **文化祭** (ぶんかさい) 붕카사이 문화제, 교내축제

□ **同窓会** (どうそうかい) 도ー소ー카이 동창회

☐ **開校記念日** (かいこうきねんび)
카이코-키넴비 개교기념일

☐ **修学旅行** (しゅうがくりょこう) 슈-가쿠료코- 수학여행
☐ **遠足** (えんそく) 엔소쿠 소풍

☐ **入学試験** (にゅうがくしけん) 뉴-가쿠시켕 입학시험
☐ **中間テスト** (ちゅうかんてすと) 츄-칸테스토 중간시험
☐ **期末テスト** (きまつてすと) 키마츠테스토 기말시험

☐ **先生の日** (せんせいのひ) 센세-노히 스승의 날

⑥ 교직원(教職員)

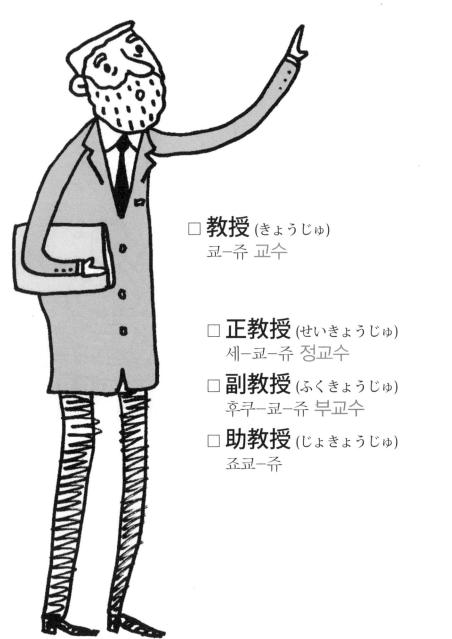

□ **教師** (きょうし) 쿄-시 교사

□ **教授** (きょうじゅ)
쿄-쥬 교수

□ **正教授** (せいきょうじゅ)
세-쿄-쥬 정교수

□ **副教授** (ふくきょうじゅ)
후쿠-쿄-쥬 부교수

□ **助教授** (じょきょうじゅ)
죠쿄-쥬

□ **講師** (こうし) 코-시 강사
□ **講演者** (こうえんしゃ) 코-엔샤 강연자

□ **専任講師** (せんにんこうし)
센닝코-시 전임강사

□ **学長** (がくちょう) 가쿠쵸- 학장
□ **校長** (こうちょう) 코-쵸- 교장

□ **総長** (そうちょう) 소-쵸- 총장

7 학생(学生)

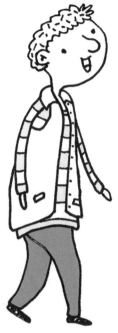

□ **学生** (がくせい) 가쿠세– 학생

□ **小学生** (しょうがくせい)
쇼–가쿠세– 초등학생

□ **中学生** (ちゅうがくせい)
츄–가쿠세– 중학생

□ **大学一年生**
(だいがくいちねんせい)
다이가쿠 이치넨세– 대학 1년생

□ **大学二年生** (だいがくにねんせい)
다이가쿠 니넨세– 대학 2년생

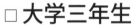

□ **大学三年生**
(だいがくさんねんせい)
다이가쿠 산넨세– 대학 3년생

□ **大学四年生**
(だいがくよねんせい)
다이가쿠 요넨세– 대학 4년생

□ **卒業者** (そつぎょうしゃ) 소츠교–샤 졸업자

□ **大学院生** (だいがくいんせい)
다이가쿠인세– 대학원생

□ **学士** (がくし) 가쿠시 학사
□ **修士** (しゅうし) 슈–시 석사
□ **博士** (はくし・はかせ) 하쿠시・하카세 박사

□ **同級生** (どうきゅうせい)
도–큐–세– 동급생

□ **同窓生**
(どうそうせい)
도–소–세– 동창생

PART 3.

일상생활
(日常生活)

chapter 1

병원(病院)

□ **クリニック** (くりにっく) 쿠리닉쿠 클리닉, 개인(전문)병원

□ **応急室** (おうきゅうしつ)
오-큐-시츠 응급실

□ **救急車**
(きゅうきゅうしゃ)
큐-큐샤 구급차

□ **外科医** (げかい) 게카이 외과의사
□ **患者** (かんじゃ) 캰쟈 환자

□ **外科** (げか) 게카 외과
□ **手術** (しゅじゅつ) 슈쥬츠 수술

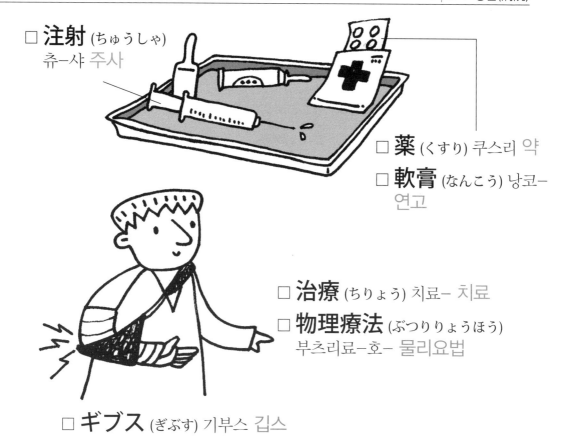

□ **注射** (ちゅうしゃ)
쥬ー샤 주사

□ **薬** (くすり) 쿠스리 약

□ **軟膏** (なんこう) 낭코ー
연고

□ **治療** (ちりょう) 치료ー 치료

□ **物理療法** (ぶつりりょうほう)
부츠리료ー호ー 물리요법

□ **ギブス** (ぎぶす) 기부스 깁스

□ **内科** (ないか) 나이카 내과

□ **医者** (いしゃ) 이샤
의사(특히 내과의사)

□ **小児科** (しょうにか) 쇼―니카 소아과

□ **体温計** (たいおんけい) 타이옹케― 체온계

□ **小児科医** (しょうにかい)
쇼―니카이 소아과의사

□ **皮膚科** (ひふか) 히후카 피부과

□ **処方** (しょほう) 쇼호― 처방(전)

□ **成形外科** (せいけいげか) 세-케-게카 성형외과
□ **眼科医** (がんかい) 강카이 안과의사

□ **歯医者** (はいしゃ)
하이샤 치과의사

□ **産科** (さんか) 상카 산과(학)
□ **婦人科** (ふじんか) 후징카 부인과

1 질병(病気)

□ アレルギー (あれるぎー)
아레루기– 알레르기

□ 胃炎 (いえん) 이엥 위염

□ 癌 (がん) 강 암

□ 肺がん (はいがん) 하이강 폐암

□ インフルエンザ
(いんふるえんざ) 인후루엔자
인플루엔자(독감)

□ 風邪 (かぜ) 카제 감기

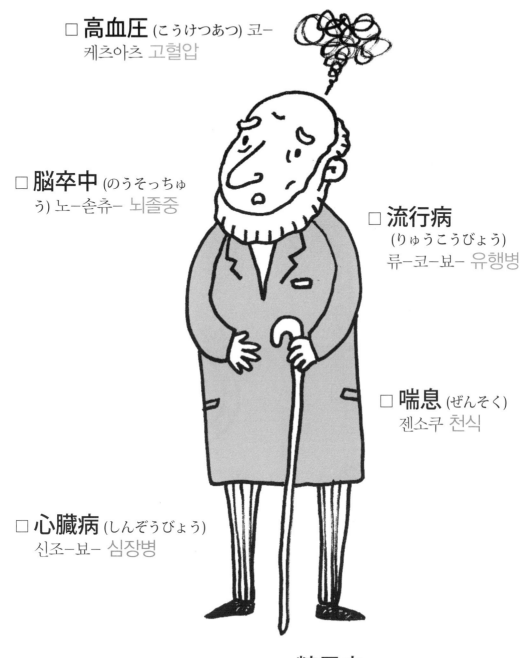

□ **高血圧** (こうけつあつ) 코―
케츠아츠 고혈압

□ **脳卒中** (のうそっちゅ
う) 노―솓츄― 뇌졸중

□ **流行病**
(りゅうこうびょう)
류―코―뵤― 유행병

□ **喘息** (ぜんそく)
젠소쿠 천식

□ **心臓病** (しんぞうびょう)
신조―뵤― 심장병

□ **糖尿病** (とうにょうびょう)
토―뇨―뵤― 당뇨병

□ **肥満** (ひまん) 히망 비만

□ **水痘** (すいとう) 스이토- 수두

□ **ストレス** (すとれす)
스토레스 스트레스

□ **肺炎** (はいえん) 하이엥
폐렴

□ **流行性耳下腺炎**
(りゅうこうせいじかせんえん) 류-
코-세-지카셍엥
유행성이하선염

□ **麻疹** (はしか) 하시카 홍역

□ **虫歯** (むしば)
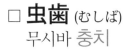
무시바 충치

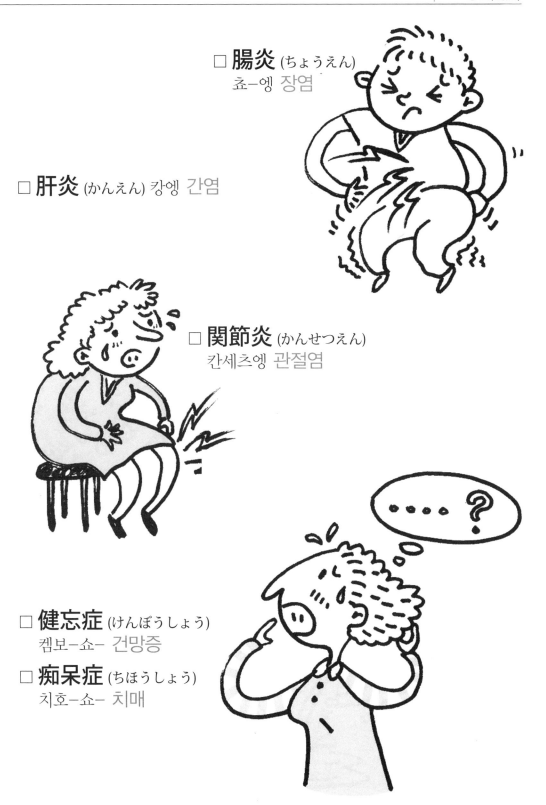

□ **腸炎** (ちょうえん)
쵸-엥 장염

□ **肝炎** (かんえん) 캉엥 간염

□ **関節炎** (かんせつえん)
칸세츠엥 관절염

□ **健忘症** (けんぼうしょう)
켐보-쇼- 건망증

□ **痴呆症** (ちほうしょう)
치호-쇼- 치매

② 증상(症状)

□ **頭痛** (ずつう) 즈츠– 두통

□ **痛み** (いたみ) 이타미 아픔, 고통
□ **火傷** (やけど) 야케도 화상

□ **下痢** (げり) 게리 설사

□ **歯痛** (しつう) 시츠– 치통

□ 嘔吐 (おうと) 오–토 구토

□ **骨折** (こっせつ) 콧세츠 골절
□ **しゃっくり** (しゃっくり) 샤쿠리 딸꾹질

□ **発熱** (はつねつ)
하츠네츠 발열

□ **傷跡** (きずあと) 키즈아토 흉터

□ **消化不良** (しょうかふりょう)
쇼-카후료- 소화불량

□ **咳** (せき) 세키 기침
□ **くしゃみ** (くしゃみ) 쿠샤미
재채기

□ **あざ** (あざ) 아자 멍

□ **便秘** (べんぴ) 벰피 변비

□ **栄養失調** (えいようしっちょう)
에ー요ー신쵸ー 영양실조

□ **息** (いき) 이키 숨

□ **目眩** (めまい) 메마이 현기증

□ **汗** (あせ) 아세 땀

□ **小便** (しょうべん) 쇼-벤 소변
□ **大便** (だいべん) 다이벤 배설물

□ **吐き気** (はきけ) 하키케
　구역질, 메스꺼움

□ **寒気** (さむけ) 사무케 한기, 오한
□ **出血** (しゅっけつ) 슉케츠 출혈
□ **ブリスター** (ぶりすたー)
　부리스타- 물집

□ **片頭痛** (へんずつう) 헨즈츠- 편두통
□ **失心** (しっしん) 싯신 실신, 기절
□ **鼻水** (はなみず) 하나미즈 콧물

173

□ **郵便局員** (ゆうびんきょくいん)
　유−빈쿄쿠잉 우체국 직원

□ **送料** (そうりょう)
　소−료− 우편요금

□ **郵便物** (ゆうびんぶつ) 유−빈부츠 우편물
□ **船便** (ふなびん) 후나빈 선편

□ **郵便配達** (ゆうびんはいたつ)
　유−빈하이타츠 우편배달

□ **手紙** (てがみ) 테가미
편지

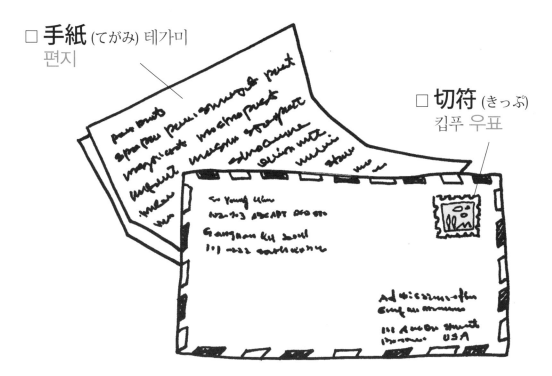

□ **切符** (きっぷ)
킵푸 우표

□ **封筒** (ふうとう) 후−토− 봉투
□ **航空便** (こうくうびん) 코−쿠−빙 항공우편

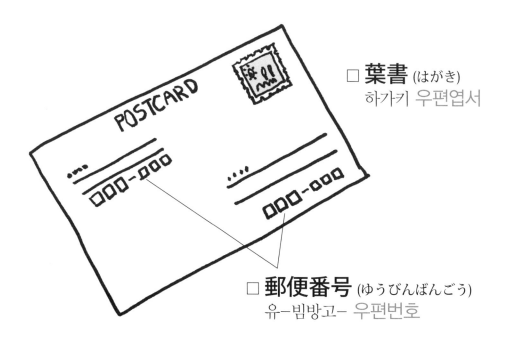

□ **葉書** (はがき)
하가키 우편엽서

□ **郵便番号** (ゆうびんばんごう)
유−빔방고− 우편번호

□ **郵便ポスト** (ゆうびんポスト)
유-빔포스토 우체통

□ **速達郵便** (そくたつゆうびん)
소쿠타츠유-빙 속달우편

□ **電報** (でんぽう) 뎀포- 전보

□ **差出人住所** (さしだしにんじゅうしょ)
사시다시닌쥬-쇼 발신처

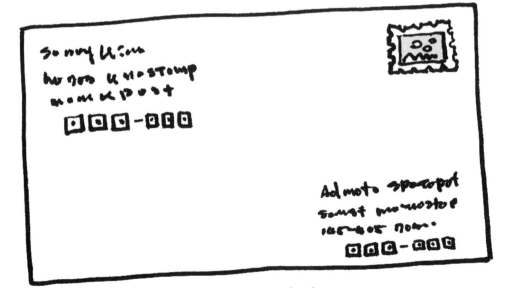

□ **宛先** (あてさき) 아테사키 수신처

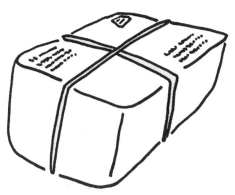

□ **小包** (こづつみ) 코즈츠미
소포

□ **宅急便** (たっきゅうびん)
탁큐-빙 택배

□ **郵便配達員**
(ゆうびんはいたついん)
유-빈하이타츠잉 우편배달부

□ **窓口** (まどぐち) 마도구치 창구

□ **秤** (はかり) 하카리 저울

□ **消印** (けしいん) 케시잉 소인

chapter 3

은행(銀行)

□ **通帳** (つうちょう) 츠−쵸−
은행통장

□ **クレジットカード**
(くれじっとかーど)
쿠레짇토카−도 신용카드

□ **銀行員** (ぎんこういん)
깅코−잉 은행원

□ **警備員** (けいびいん) 케−비잉 경비원

□ **口座** (こうざ) 코−자 은행계좌

□ **お金** (おかね) 오카네 돈

□ **現金** (げんきん) 겡킹 현금

□ **コイン** (こいん) 코잉 동전

□ **札** (さつ) 사츠 지폐

□ **小切手** (こぎって) 코깉테 수표

□ **手形** (てがた) 테가타 어음

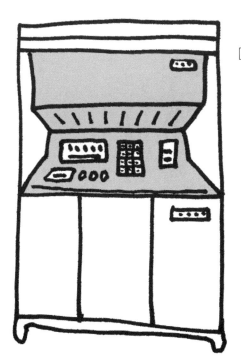

□ **ATM** (エーティーエム) 에ー티에무
현금자동인출기

□ **送金** (そうきん) 소ー킹 송금

□ 金庫 (きんこ) 킹코 금고

□ 口座引き落とし
(こうざひきおとし)
코-자히키오토시 자동이체

□ 預け入れ用紙
(あずけいれようし)
아즈케이레요-시 예금용지

□ 払い戻し用紙
(はらいもどしようし)
하라이모도시요-시 출금용지

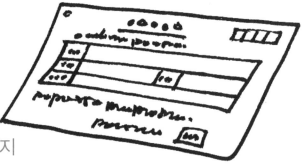

□ 銀行手数料 (ぎんこうてすうりょう)
깅코-테스-료- 은행수수료

□ お客様 (おきゃくさま)
오캬쿠사마 고객님

□ **貯蓄** (ちょちく) 쵸치쿠 저축
□ **為替レート** (かわせれーと) 카와세레ー토 환율

□ **ローン** (ろーん) 로응 융자

□ **積立金** (つみたてきん)
츠미타테킹 적립금

□ **元金** (がんきん) 강킹 원금
□ **利子** (りし) 리시 이자

chapter 4 · 공항(空港)

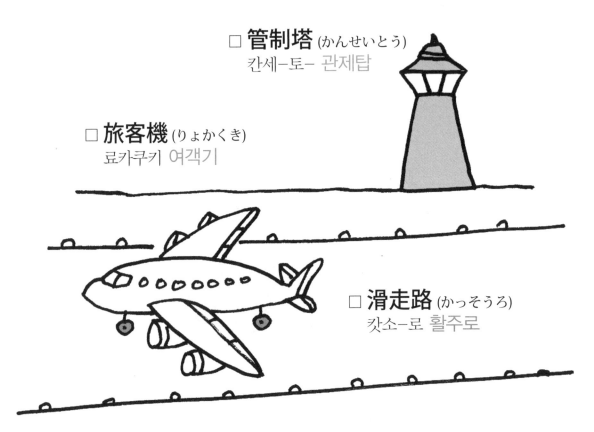

□ **管制塔** (かんせいとう)
칸세－토－ 관제탑

□ **旅客機** (りょかくき)
료카쿠키 여객기

□ **滑走路** (かっそうろ)
캇소－로 활주로

□ **免税店** (めんぜいてん)
멘제－텐 면세점

□ **手荷物受取所**
(てにもつうけとりしょ)
테니모츠 우케토리쇼
수화물 찾는 곳

□ **関税** (かんぜい) 칸제－ 관세

□ **国内線** (こくないせん) 코쿠나이셍
국내선

□ **国際線** (こくさいせん) 콕사이셍
국제선

□ **金属探知機** (きんぞくたんちき)
킨조쿠탄치키 금속 탐지기

□ **予約** (よやく) 요야쿠 예약

□ **到着地** (とうちゃくち) 토-챠쿠치
도착지

□ **到着** (とうちゃく) 토-챠쿠 도착

□ **着陸** (ちゃくりく)
챠쿠리쿠 착륙

□ **高度飛行** (こうどひこう)
코-도히코- 고도비행

□ **時差ぼけ** (じさぼけ) 지사보케 시차피로

□ **出発** (しゅっぱつ)
슙파츠 출발

□ **離陸** (りりく)
리리쿠 이륙

□ **パスポート** (ぱすぽーと) 파스포ー토 여권
□ **搭乗券** (とうじょうけん) 토ー죠ー켕 탑승권
□ **ビザ** (びざ) 비자 비자

□ **検査** (けんさ) 켕사 검사
□ **入国審査** (にゅうこくしんさ) 뉴ー코쿠신사 입국심사

□ **検疫所** (けんえきしょ) 켕에키쇼 검역소
□ **待機** (たいき) 타이키 대기

① 쇼핑(ショッピング)

□ **ショッピングモール** (しょっぴんぐもーる)
숍핑구모–루 쇼핑몰

□ **デパート** (でぱーと) 데파–토 백화점

□ **お土産屋** (おみやげや) 오미야게야 기념품점

□ **駐車場** (ちゅうしゃじょう)
쥬–샤죠– 주차장

□ **紳士服** (しんしふく)
신시후쿠 남성복

□ **婦人服** (ふじんふく)
후징후쿠 여성복

□ **レシート** (れしーと)
레시-토 영수증

□ **払い戻し** (はらいもどし) 하라이모도시 환불
□ **保証書** (ほしょうしょ) 호쇼-쇼 보증서

□ **台所用品** (だいどころようひん)
다이도코로요-힝 부엌용품

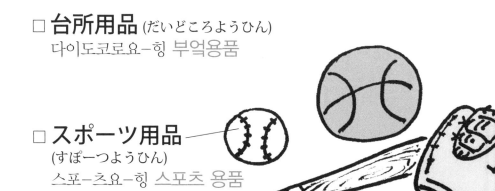

□ **スポーツ用品**
(すぽーつようひん)
스포-츠요-힝 스포츠 용품

□ **販売** (はんばい) 함바이 판매
□ **交換** (こうかん) 코-캉 교환

□ **値札** (ねふだ) 네후다
　가격표
□ **割引** (わりびき) 와리비키
　할인

□ **特価品** (とっかひん)
　톡카힝 특가품

□ **営業時間** (えいぎょうじかん)
　에-교-지캉 영업시간

□ **試着室** (しちゃくしつ)
　시챠쿠시츠 옷입어보는 곳

□ **コンビニ** (こんびに) 콤비니 편의점

□ **レジ** (れじ) 레지 금전등록기

□ **店員** (てんいん) 텡잉 점원

□ **お客様** (おきゃくさま)
오캬쿠사마 손님

□ **ショッピングカート** (しょっぴんぐかーと)
숍핑구카―토 손수레, 쇼핑카트

□ **ブランド** (ぶらんど)
부란도 상표

□ **女店員** (じょてんいん)
죠텡잉 여점원

189

② 취미(趣味)

□ **旅行** (りょこう) 료코– 여행

□ **映画** (えいが) 에–가 영화
□ **収集** (しゅうしゅう) 슈–슈– 수집

□ **コンサート** (こんさーと)
　　콘사–토 콘서트
□ **ダンス** (だんす) 단스 춤, 댄스
□ **音楽** (おんがく) 옹가쿠 음악

□ **読書** (どくしょ)
　　도쿠쇼 독서

□ **クラフト** (くらふと) 쿠라후토 공예
□ **料理** (りょうり) 료–리 요리
□ **芝居** (しばい) 시바이 연극

□ **絵画** (かいが) 카이가 그림, 회화

□ **漫画** (まんが) 망가 만화

□ **編み物** (あみもの) 아미모노 뜨개질
□ **刺繍** (ししゅう) 시슈– 자수
□ **縫い物** (ぬいもの) 누이모노
재봉, 바느질

□ **写真撮影** (しゃしんさつえい)
샤신사츠에– 사진촬영
□ **書道** (しょどう) 쇼도– 서예

□ **アニメーション**
(あにめーしょん) 아니메–숑
애니메이션, 만화영화

□ **山登り** (やまのぼり)
야마노보리 등산

□ **ハイキング**
(はいきんぐ) 하이킹구
하이킹, 도보여행

□ **釣り** (つり)
츠리 낚시

chapter 6

여행, 종교, 스포츠 (旅行、宗教、スポーツ)

1 여행(旅行)

□ 観光 (かんこう) 캉—코— 관광

□ 夜景 (やけい) 야케— 야경

□ 日帰り旅行 (ひがえりりょこう) 히가에리료코— 당일치기 여행

□ 海外旅行 (かいがいりょこう) 카이가이료코— 해외여행

□ 国内旅行 (こくないりょこう) 코쿠나이료코— 국내여행

□ 遠足 (えんそく) 엔소쿠 소풍

□ **団体旅行** (だんたいりょこう)
단타이료코– 단체여행

□ **新婚旅行** (しんこんりょこう)
싱콘료코– 신혼여행

□ **旅行社** (りょこうしゃ)
료코–샤 여행사

□ **観光客** (かんこうきゃく)
캉코–캬쿠 관광객

□ **旅行日程** (りょこうにってい)
료코–닏테– 여행일정

□ **クルーズ旅行** (くるーずりょこう)
쿠루–스료코– 선박여행

□ **車酔い** (くるまよい)
쿠루마요이 차멀미

□ **船酔い** (ふなよい)
후나요이 배멀미

□ **記念碑** (きねんひ)
키넹히 기념비

□ **民俗村** (みんぞくむら)
민조쿠무라 민속촌

□ **眺め** (ながめ)
나가메 전망, 경치

□ **温泉** (おんせん) 온셍 온천

□ **景色** (けしき) 케시키 풍경
□ **遺跡** (いせき) 이세키 옛터, 유적

□ **お土産** (おみやげ) 오미야게 기념품, 선물

② 종교(宗教)

□ **儀式** (ぎしき)
기시키 의식

□ **信仰** (しんこう)
싱코- 신앙

□ **改宗者** (かいしゅうしゃ)
카이슈-샤 개종자

□ **キリスト教** (きりすときょう)
키리스토쿄- 기독교

□ **カトリック教** (かとりっくきょう)
카토릭쿠쿄- 가톨릭교

□ **キリスト教信者** (きりすときょうしんじゃ)
키리스토쿄-신쟈 기독교도

□ **説教** (せっきょう)
섹쿄- 설교

□ **礼拝** (れいはい)
레-하이 예배

□ **カトリック教信者**
(かとりっくきょうしんじゃ)
카토릭쿠쿄-신쟈 가톨릭신자

□ **ヒンドゥー教徒**
(ひんどぅーきょうと)
힌두-쿄-토 힌두교도

□ **ヒンドゥー教**
(ひんどぅーきょう)
힌두-쿄- 힌두교

□ **イスラム教** (いすらむきょう)
이스라무쿄- 이슬람교

□ **イスラム教徒** (いすらむきょうと)
이스라무쿄-토 이슬람교도

□ **儒教** (じゅきょう) 쥬쿄- 유교

□ **儒者** (じゅしゃ) 쥬샤 유생

□ **お寺** (おてら) 오테라 절, 신전

□ **仏教** (ぶっきょう) 북쿄- 불교

□ **仏教徒** (ぶっきょうと) 북쿄-토 불교도

□ **シャーマニズム**
(しゃーまにずむ) 샤-마니즈무
샤머니즘(원시종교)

□ **シャーマン**
(しゃーまん) 샤-망 무당, 주술사

悪魔 (あくま) 아쿠마 악마

□ **神様** (かみさま) 카미사마 하느님
□ **プロテスタント**
(ぷろてすたんと) 푸로테스탄토 신교도

□ **洗礼** (せんれい) 센레– 세례

□ **聖書** (せいしょ)
세–쇼 성경

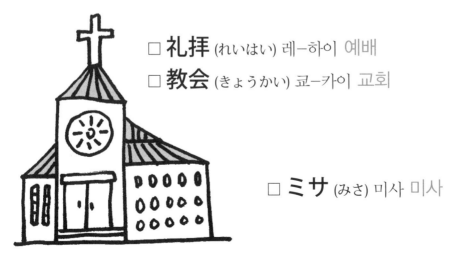

□ **礼拝** (れいはい) 레–하이 예배
□ **教会** (きょうかい) 쿄–카이 교회

□ **ミサ** (みさ) 미사 미사

□ **ローマ教皇** (ろーまきょうこう) 로ー마쿄ー코ー 로마교황

□ **大聖堂** (だいせいどう) 다이세ー도ー 대성당

□ **十字架** (じゅうじか) 쥬ー지카 십자가

□ **司教** (しきょう) 시쿄ー 주교

□ **枢機卿** (すうききょう) 스ー키쿄ー 추기경

□ **賛美歌** (さんびか) 삼비카 찬송가

□ **天国** (てんごく) 텡고쿠 천국

□ **地獄** (じごく) 지고쿠 지옥

□ **葬式** (そうしき) 소ー시키 장례식

□ **聖職者** (せいしょくしゃ) 세ー쇼쿠샤 성직자

□ **宣教師** (せんきょうし)
셍쿄-시 선교사

□ **聖歌隊** (せいかたい)
세-카타이 성가대

□ **火葬** (かそう) 카소- 화장

□ **墓** (はか) 하카 무덤
□ **埋蔵** (まいぞう) 마이조- 매장

□ **狂信者** (きょうしんしゃ) 쿄-신샤 광신자

□ **復活節** (ふっかつせつ)
훅카츠세츠 부활절

□ **福音** (ふくいん) 후쿠잉 복음
□ **預言者** (よげんしゃ) 요겐샤 예언자

③ <u>스포츠(スポーツ)</u>

□ **サッカー** (さっかー) 삭카— 축구

□ **野球** (やきゅう) 야큐— 야구

□ **アメリカンフットボール**
(あめりかんふっどぼーる)
아메리칸훋토보—루 미식축구

□ **バドミントン**
(ばどみんとん) 바도민통
배드민턴

□ **テニス** (てにす)
테니스 테니스

□ **ゴルフ** (ごるふ)
고루후 골프

□ **ホッケー** (ほっけー)
혹케— 하키

□ **卓球** (たっきゅう)
탁큐— 탁구

□ バスケットボール
(ばすけっとぼーる)
바스켇토보—루 농구

□ バレーボール (ばれーぼーる) 바레—보—루 배구
□ ボウリング (ぼうりんぐ) 보—링구 볼링

□ 水泳 (すいえい)
스이에— 수영

□ スカイダイビング
(すかいだいびんぐ) 스카이다이빙구
스카이다이빙

□ サイクリング
(さいくりんぐ) 사이쿠링구
자전거 타기

□ ビリヤード
(びりやーど)
비리야—도 당구

□ マラソン
(まらそん) 마라송
마라톤

□ **柔道** (じゅうどう) 쥬−도− 유도
□ **ラグビー** (らぐびー) 라구비− 럭비

□ **スケーティング** (すけーてぃんぐ)
스케−팅구 스케이트

□ **ボクシング** (ぼくしんぐ) 보쿠싱구− 권투

□ **ウエイトリフティング**
(うえいとりふてぃんぐ)
웨이−토리후팅구 역도

□ **ジョギング** (じょぎんぐ)
죠깅구 조깅

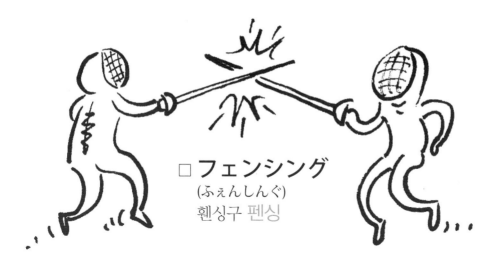

□ **フェンシング**
(ふぇんしんぐ)
휀싱구 펜싱

□ **体操** (たいそう)
타이소– 체조

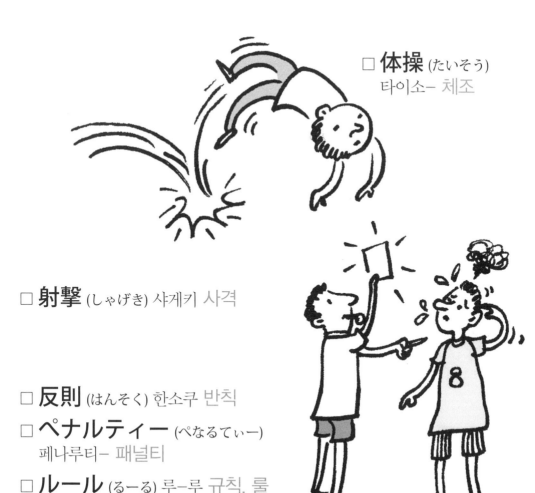

□ **射撃** (しゃげき) 샤게키 사격

□ **反則** (はんそく) 한소쿠 반칙
□ **ペナルティー** (ぺなるてぃー)
페나루티– 패널티
□ **ルール** (るーる) 루–루 규칙, 룰

③ 극장(劇場)

□ **公演** (こうえん) 코–엔 공연

□ **見物人**
(けんぶつにん) 켄부츠닝
구경꾼

□ **観客** (かんきゃく)
캉캬쿠 관객

□ **映画** (えいが) 에–가 영화

□ **試写会** (ししゃかい) 시샤카이 시사(회)

□ **無料入場** (むりょうにゅうじょう) 무료–뉴–죠– 무료입장

□ **興行** (こうぎょう) 코–교– 흥행

□ **チケット** (ちけっと) 치켙토
티켓, 입장권

□ **入場料** (にゅうじょうりょう)
뉴–죠–료– 입장료

□ **出口** (でぐち) 데구치 출구

□ **拍手喝采** (はくしゅかっさい)
하쿠슈캇사이 박수갈채

□ **映画のファン**
(えいがのファン)
에-가노황 영화팬

□ **映画館** (えいがかん)
에-가캉 영화관

□ **広告板** (こうこくばん)
코-코쿠방 광고판

□ **非常階段** (ひじょうかいだん)
히죠-카이당 비상계단

□ **庇** (ひさし) 히사시
(극장 출입구의)차양

□ **入場** (にゅうじょう) 뉴-죠- 입장

□ **入り口** (いりぐち) 이리구치 입구

207

□ **上暎** (じょうえい) 죠ー에 상영

□ **女優** (じょゆう)
죠유ー 여배우

□ **俳優**
(はいゆう) 하이유ー
(남자)배우

□ **座席** (ざせき)
자세키 좌석

□ **ブロックバスター** (ぶろっくばすたー)
부록쿠바스타ー 블록버스터, 초(超)대작

BOX OFFICE —— □ **チケット売り場** (ちけっとうりば)
치켙토우리바 매표소

□ **アンコール** (あんこーる)
앙코ー루 앙코르

□ **予告編** (よこくへん)
요코쿠헹 예고편

□ 続編 (ぞくへん) 조쿠헹 속편

□ 短編映画 (たんぺんえいが) 탐펜에-가 단편영화

□ ホラー映画 (ホラーえいが) 호라-에-가 공포영화, 호러영화

□ スクリーン (すくりーん) 스쿠리-잉 스크린, 화면

□ 字幕 (じまく) 지마쿠 자막

□ SF映画 (エスエフえいが) 에스에후에-가 SF영화

□ 長編特作映画 (ちょうへんとくさくえいが) 쵸-헨토쿠사쿠에-가 장편특작영화

□ フィルム (ふぃるむ) 휘루무 필름

□ アクション映画 (あくしょんえいが) 아쿠숀에-가 액션영화

□ **無声映画** (むせいえいが) 무세-에-가 무성영화

□ **予約席** (よやくせき) 요야쿠세키 예약석

□ **製作** (せいさく) 세-사쿠 제작

□ **製作者** (せいさくしゃ) 세-사쿠샤 제작자

□ **映画配給** (えいがはいきゅう)
에-가하이큐- 영화배급

□ **悲劇** (ひげき)
히게키 비극

□ **喜劇** (きげき)
키게키 희극

□ **授賞** (じゅしょう) 쥬쇼- 수상(상을 주는 것)
□ **受賞** (じゅしょう) 쥬쇼- 수상(상을 받는 것)

□ **ロケーション** (ろけーしょん)
로케-숑 영화의 야외 촬영(지)

□ **プロジェクター** (ぷろじぇくたー)
푸로제쿠타- 프로젝터, 영상기
□ **監督** (かんとく) 칸토쿠 감독

□ **配役** (はいやく) 하이야쿠 배역
□ **代役** (だいやく) 다이야쿠 대역

211

② 공원(公園)

□ **国立公園** (こくりつこうえん)
코쿠리츠코-엥 국립공원

□ **遊園地** (ゆうえんち) 유-엔치 유원지, 놀이공원

□ **ローラーコースター**
(ろーらーこーすたー)
로-라-코-스타- 롤러코스터

□ **パレード** (ぱれーど) 파레-도 퍼레이드

□ **ピエロ** (ぴえろ) 피에로 어릿광대

□ **観覧車** (かんらんしゃ)
칸란샤 관람차

□ **綿飴** (わたあめ) 와타아메 솜사탕

□ **花見** (はなみ) 하나미 꽃놀이
□ **入場券** (にゅうじょうけん) 뉴-죠-켕 입장권

□ 池 (いけ) 이케 연못

□ **動物園** (どうぶつえん)
도-부츠엥 동물원

□ **乗り物**
(のりもの) 노리모노
탈 것(놀이기구)

□ **ゴルフ練習場** (ごるふれんしゅうじょう) 고루후렌슈-죠- 골프연습장
□ **射撃場** (しゃげきじょう) 샤게키죠- 사격장

□ **植物園** (しょくぶつえん)
쇼쿠부츠엥 식물원

□ **遊び場** (あそびば)
아소비바 놀이터

□ **滑り台** (すべりだい)
스베리다이 미끄럼틀

□ **隠れん坊** (かくれんぼう) 카쿠렘보– 술래잡기

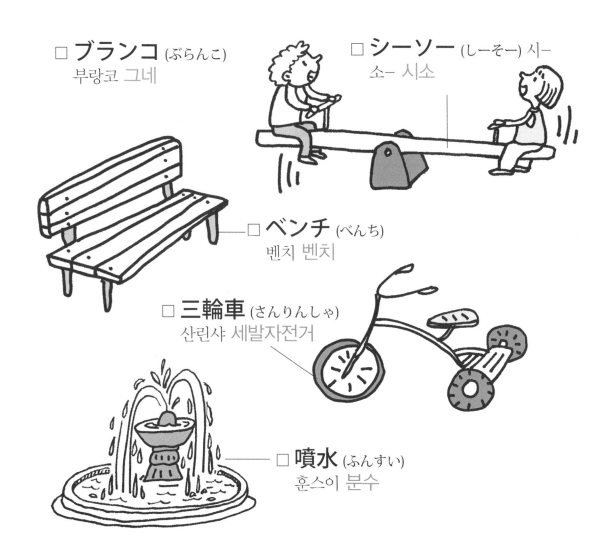

□ **ブランコ** (ぶらんこ)
부랑코 그네

□ **シーソー** (しーそー) 시–
소– 시소

□ **ベンチ** (べんち)
벤치 벤치

□ **三輪車** (さんりんしゃ)
산린샤 세발자전거

□ **噴水** (ふんすい)
훈스이 분수

chapter 8 자연(自然)

1 동물(動物)

□ 豚 (ぶた) 부타 돼지

□ いのしし (いのしし) 이노시시 멧돼지

□ 牝牛 (めうし) 메우시 암소

□ 雄牛 (おうし) 오우시 황소

□ 馬 (うま) 우마 말

□ ロバ (ろば) 로바 당나귀

□ ゼブラ (ぜぶら) 제부라 얼룩말

□ 犬 (いぬ) 이누 개

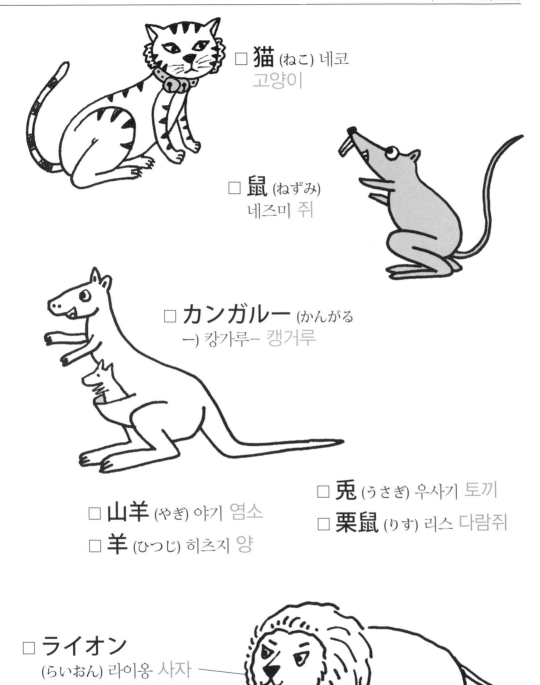

□ **猫** (ねこ) 네코
고양이

□ **鼠** (ねずみ)
네즈미 쥐

□ **カンガルー** (かんがる
ー) 캉가루– 캥거루

□ **兎** (うさぎ) 우사기 토끼
□ **栗鼠** (りす) 리스 다람쥐

□ **山羊** (やぎ) 야기 염소
□ **羊** (ひつじ) 히츠지 양

□ **ライオン**
(らいおん) 라이옹 사자
□ **虎** (とら) 토라 호랑이

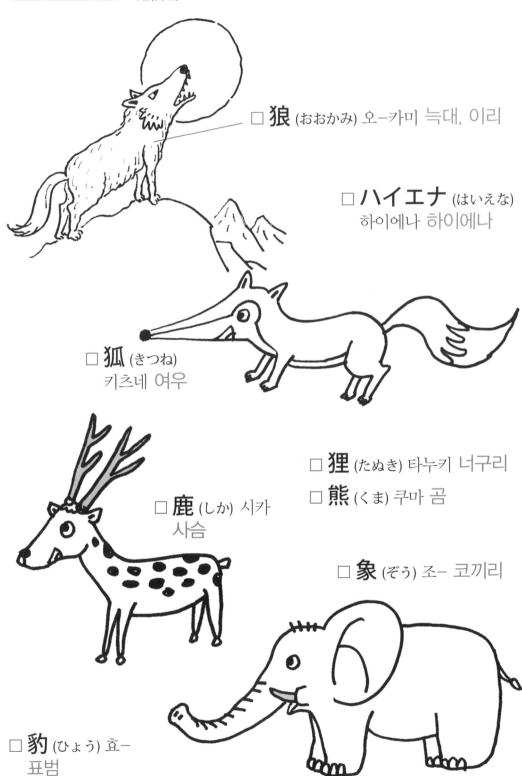

□ 狼 (おおかみ) 오ーカ미 늑대, 이리

□ ハイエナ (はいえな)
하이에나 하이에나

□ 狐 (きつね)
키츠네 여우

□ 狸 (たぬき) 타누키 너구리
□ 熊 (くま) 쿠마 곰

□ 鹿 (しか) 시카
사슴

□ 象 (ぞう) 조ー 코끼리

□ 豹 (ひょう) 효ー
표범

□ **パンダ** (ぱんだ)
판다 판다

□ **チンバンジー** (ちんぱんじー:)
침판지— 침팬지

□ **猿** (さる) 사루 원숭이

□ **ゴリラ** (ごりら)
고리라 고릴라

□ **駱駝** (らくだ) 라쿠다 낙타

□ **コアラ** (こあら) 코아라 코알라

□ **スカンク** (すかんく) 스캉쿠 스컹크

□ **麒麟** (きりん)
키링 기린

□ **ワニ** (わに) 와니 악어

□ **クロコダイル** (くろこだいる)
쿠로코다이루 크로커다일

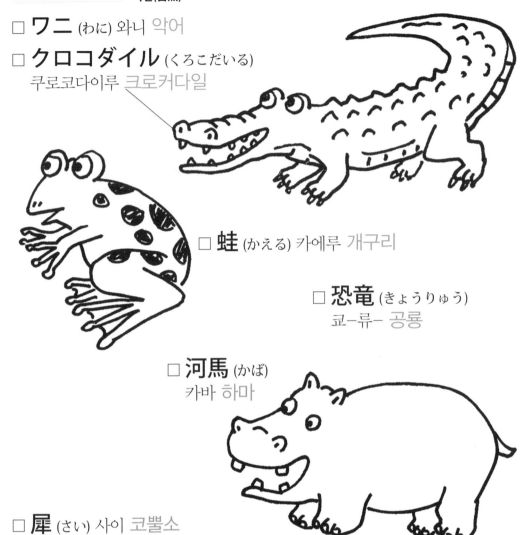

□ **蛙** (かえる) 카에루 개구리

□ **恐竜** (きょうりゅう)
쿄-류- 공룡

□ **河馬** (かば)
카바 하마

□ **犀** (さい) 사이 코뿔소

□ **蛇** (へび) 헤비 뱀

□ **蜥蜴** (とかげ) 토카게 도마뱀

□ **コブラ** (こぶら)
코부라 코브라

御玉杓子 (おたまじゃくし)
오타마쟈쿠시 올챙이

□ **亀** (かめ) 카메 거북

□ **鯨** (くじら) 쿠지라 고래
□ **イルカ** (いるか) 이루카 돌고래

□ **海豹** (あざらし) 아자라시 바다표범

□ **山猫** (やまねこ)
야마네코 살쾡이

□ **オットセイ** (おっとせい)
온토세- 물개

□ **川獺** (かわうそ) 카와우소 수달

□ **こうもり** (こうもり)
코-모리 박쥐

② 식물(植物)

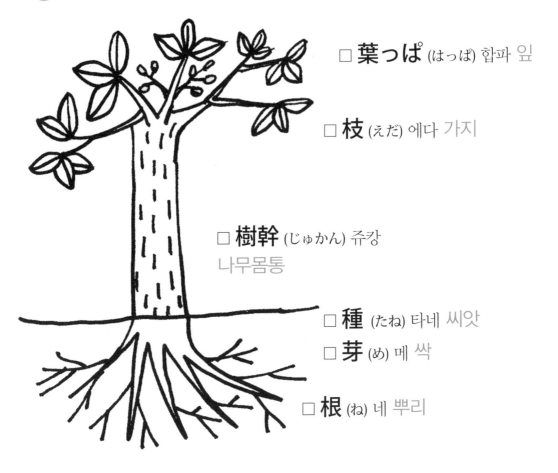

□ **葉っぱ** (はっぱ) 합파 잎

□ **枝** (えだ) 에다 가지

□ **樹幹** (じゅかん) 쥬캉
나무몸통

□ **種** (たね) 타네 씨앗

□ **芽** (め) 메 싹

□ **根** (ね) 네 뿌리

□ **年輪** (ねんりん) 넨링
(나무의)나이테

□ **樹皮** (じゅひ) 쥬히 나무껍질

□ **実** (み) 미 열매

□ **松** (まつ) 마츠 소나무
□ **楓** (かえで) 카에데 단풍나무
□ **紅葉** (もみじ) 모미지 단풍

□ **柏** (かしわ) 카시와 떡갈나무

□ **栗の木** (くりのき)
쿠리노키 밤나무
□ **楡** (にれ) 니레
느릅나무

□ **銀杏** (いちょう)
이쬬– 은행나무

□ **柳** (やなぎ) 야나기 버드나무 ·
□ **桜** (さくら) 사쿠라 벚나무

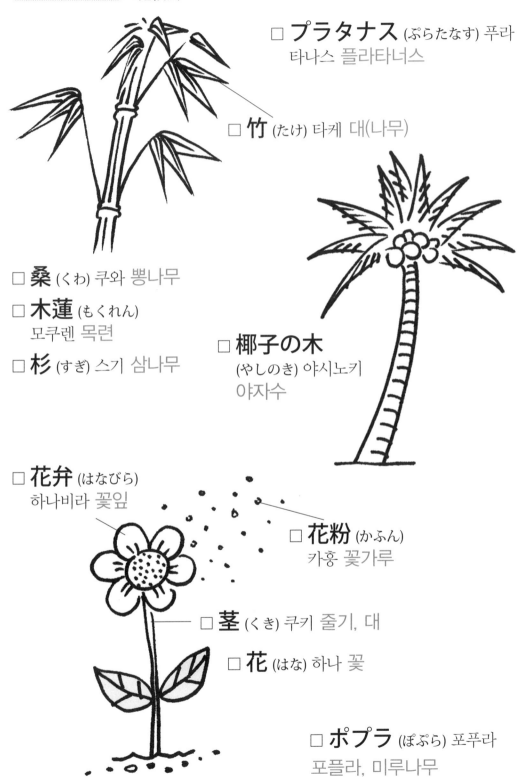

□ **プラタナス** (ぷらたなす) 푸라
타나스 플라타너스

□ **竹** (たけ) 타케 대(나무)

□ **桑** (くわ) 쿠와 뽕나무

□ **木蓮** (もくれん)
모쿠렌 목련

□ **杉** (すぎ) 스기 삼나무

□ **椰子の木**
(やしのき) 야시노키
야자수

□ **花弁** (はなびら)
하나비라 꽃잎

□ **花粉** (かふん)
카훙 꽃가루

□ **茎** (くき) 쿠키 줄기, 대

□ **花** (はな) 하나 꽃

□ **ポプラ** (ぽぷら) 포푸라
포플라, 미루나무

224

□ **向日葵** (ひまわり)
히마와리 해바라기

□ **アイリス** (あいりす)
아이리스 아이리스, 붓꽃

□ **バラ** (ばら) 바라 장미
□ **蘭** (らん) 랑 난초

□ **百合** (ゆり)
유리 백합

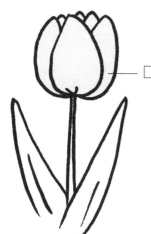

□ **チューリップ**
(ちゅーりっぷ) 츄ー립푸
튤립

□ **菫** (すみれ) 스미레
제비꽃

□ **アイビー** (あいびー) 아이비ー 아이비, 담쟁이덩굴

□ 蒲公英 (たんぽぽ) 탐포포 민들레

□ 霞草 (かすみそう) 카스미소－ 안개꽃

□ 躑躅 (つつじ) 츠츠지 진달래

□ 蓮の花 (はすのはな) 하스노노하나 연꽃

□ ラッパ水仙 (らっぱすいせん) 랍파스이센 나팔수선화

□ 朝顔 (あさがお) 아사가오 나팔꽃

□ カーネーション (かーねーしょん) 카－네－숑 카네이션

□ コスモス (こすもす) 코스모스 코스모스

□ 菊 (きく) 키쿠 국화

□ ジャスミン (じゃすみん) 쟈스민 자스민

□ 連翹 (れんぎょう) 렝교－ 개나리

□ サボテン (さぼてん) 사보텡 선인장

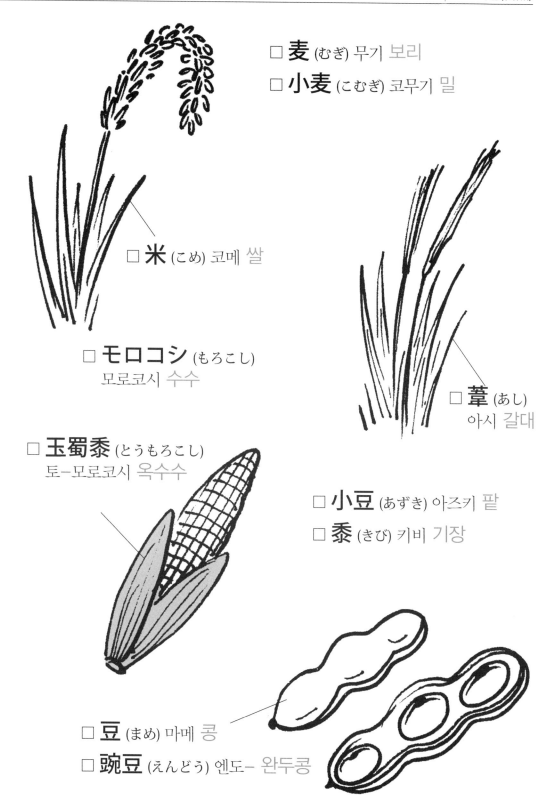

□ **麦** (むぎ) 무기 보리

□ **小麦** (こむぎ) 코무기 밀

□ **米** (こめ) 코메 쌀

□ **モロコシ** (もろこし) 모로코시 수수

□ **葦** (あし) 아시 갈대

□ **玉蜀黍** (とうもろこし) 토–모로코시 옥수수

□ **小豆** (あずき) 아즈키 팥

□ **黍** (きび) 키비 기장

□ **豆** (まめ) 마메 콩

□ **豌豆** (えんどう) 엔도– 완두콩

③ 새(鳥)

□ 梟 (ふくろう) 후쿠로- 올빼미

□ ミミズク (みみずく)
미미즈쿠 부엉이

□ ペンギン (ぺんぎん)
펭깅 펭귄

□ 孔雀 (くじゃく)
쿠쟈쿠 공작

□ 鸚鵡 (おうむ)
오-무 앵무새

□ 鷲 (わし) 와시 독수리

□ 鷹 (たか) 타카 매

□ 白鳥 (はくちょう)
하쿠쵸- 백조

□ ペリカン (ぺりかん)
페리캉 펠리컨

□ インコ (いんこ)
잉코 잉꼬

□ 鳩 (はと) 하토 비둘기

□ **カラス** (からす)
카라스 까마귀

□ **カササギ** (かささぎ)
카사사기 까치

□ 鶏 (にわとり) 니와토리 닭
□ 雌鳥 (めんどり) 멘도리 암탉
□ 雄鶏 (おんどり) 온도리 수탉

□ **アヒル** (あひる) 아히루 오리

□ **ガチョウ** (がちょう)
가쵸- 거위

□ **雁** (がん) 강 기러기

□ **鶉** (うずら) 우즈라 메추라기

□ **啄木鳥** (きつつき) 키츠츠키 딱따구리

□ **燕** (つばめ) 츠바메 제비

□ **雀** (すずめ) 스즈메 참새

□ **雉** (きじ) 키지 꿩

□ **雲雀** (ひばり) 히바리 종달새

□ **鶴** (つる) 츠루 학, 두루미

□ **鴎** (かもめ) 카모메 갈매기

□ **渡り鳥** (わたりどり)
와타리도리 철새

□ **駝鳥** (だちょう)
다쵸- 타조

□ **留鳥** (りゅうちょう)
류-쵸- 텃새, 유조

□ **鶯** (うぐいす)
우구이스 꾀꼬리

□ **ミソサザイ**
(みそさざい) 미소사자이
굴뚝새

4 곤충(昆虫)

□ **蝶** (ちょう) 쵸- 나비

□ **蛾** (が) 가 나방

□ **蛍** (ほたる) 호타루 개똥벌레

□ **蝿** (はえ) 하에 파리

□ **トンボ** (とんぼ) 톰보 잠자리

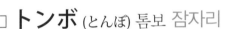

□ **天道虫** (てんとうむし)
텐토-무시 무당벌레

□ **コオロギ** (こおろぎ)
코-로기 귀뚜라미

□ **蜂** (はち)
하치 벌

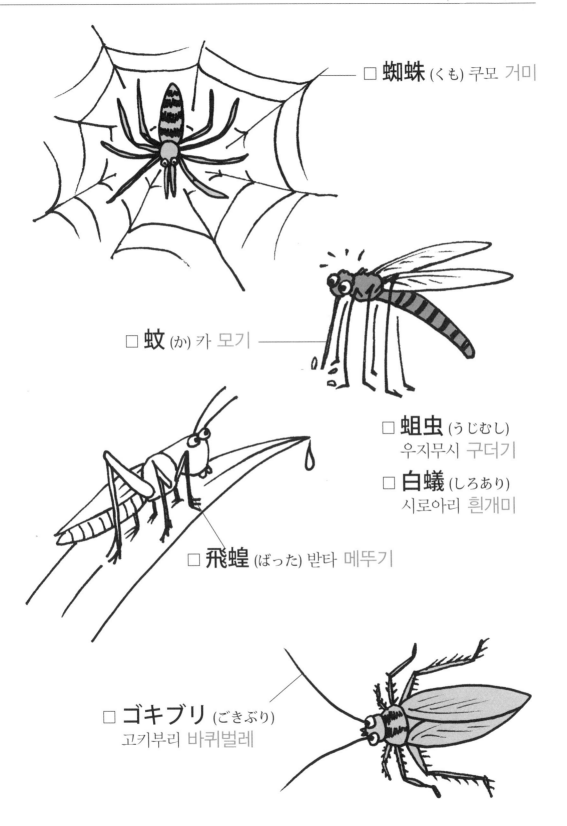

□ **蜘蛛** (くも) 쿠모 거미

□ **蚊** (か) 카 모기

□ **蛆虫** (うじむし)
우지무시 구더기

□ **白蟻** (しろあり)
시로아리 흰개미

□ **飛蝗** (ばった) 밧타 메뚜기

□ **ゴキブリ** (ごきぶり)
고키부리 바퀴벌레

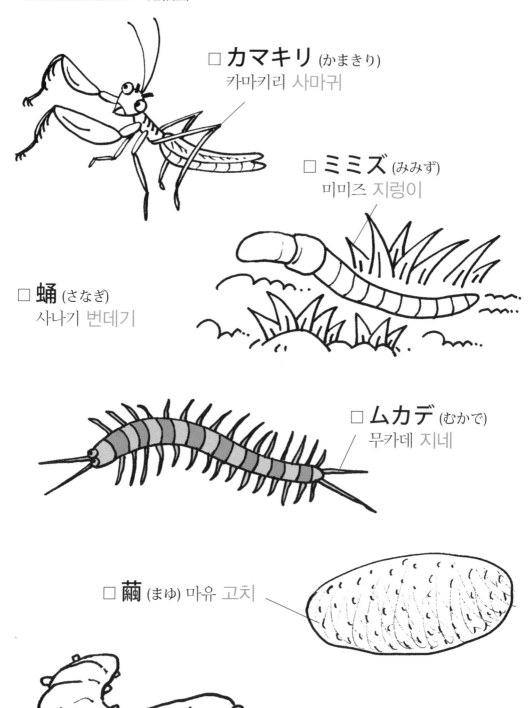

□ **カマキリ** (かまきり)
카마키리 사마귀

□ **ミミズ** (みみず)
미미즈 지렁이

□ **蛹** (さなぎ)
사나기 번데기

□ **ムカデ** (むかで)
무카데 지네

□ **繭** (まゆ) 마유 고치

□ **蚕** (かいこ) 카이코 누에

□ **蝸牛** (かたつむり)
카타츠무리 달팽이

□ **毛虫** (けむし) 케무시 모충
□ **ナンキン虫** (なんきんむし) 낭킴무시 빈대

□ **蠍** (さそり) 사소리 전갈

□ **蚤** (のみ) 노미 벼룩

□ **蟻** (あり) 아리 개미

⑤ 계절과 날씨(季節と天気)

□ **春** (はる) 하루 봄

□ **夏** (なつ) 나츠 여름

□ **秋** (あき) 아키 가을

□ **季節風** (きせつふう)
키세츠후- 계절풍

□ **冬** (ふゆ) 후유 겨울

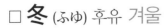

☐ **気候** (きこう) 키코- 기후
☐ **温度** (おんど) 온도 온도

☐ **温度計** (おんどけい)
　온도케- 온도계
☐ **度** (ど) 도 (온도)도

☐ **華氏** (かし) 카시 화씨
☐ **摂氏** (せっし) 셋시 섭씨

☐ **天気予報** (てんきよほう) 텡키요호- 일기예보
☐ **警告** (けいこく) 케-코쿠 경고

□ 警報 (けいほう) 케-호- 경보

□ 風速 (ふうそく) 후-소쿠 풍속

□ **寒冷前線** (かんれいぜんせん)
칸레-젠셍 한랭전선

□ **温暖前線** (おんだんぜんせん)
온단젠셍 온난전선

□ 雲 (くも) 쿠모 구름

□ 災害 (さいがい) 사이가이 재해

□ **高気圧** (こうきあつ) 코-키아츠 고기압

□ **低気圧** (ていきあつ) 테-키아츠 저기압

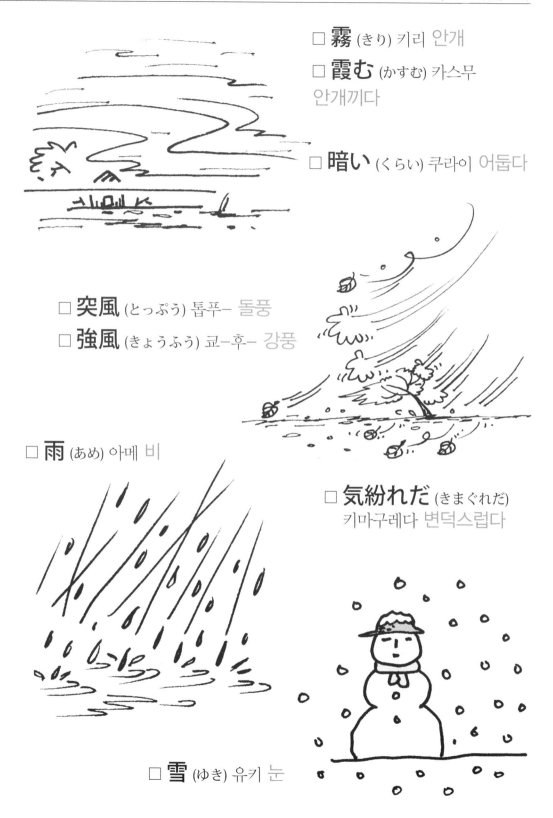

□ **霧** (きり) 키리 안개

□ **霞む** (かすむ) 카스무
안개끼다

□ **暗い** (くらい) 쿠라이 어둡다

□ **突風** (とっぷう) 톱푸ー 돌풍

□ **強風** (きょうふう) 쿄ー후ー 강풍

□ **雨** (あめ) 아메 비

□ **気紛れだ** (きまぐれだ)
키마구레다 변덕스럽다

□ **雪** (ゆき) 유키 눈

239

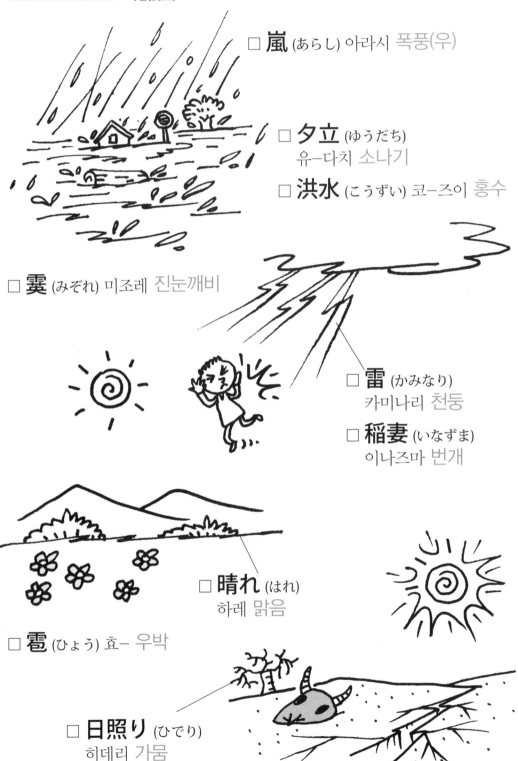

□ 嵐 (あらし) 아라시 폭풍(우)

□ 夕立 (ゆうだち) 유-다치 소나기

□ 洪水 (こうずい) 코-즈이 홍수

□ 霙 (みぞれ) 미조레 진눈깨비

□ 雷 (かみなり) 카미나리 천둥

□ 稲妻 (いなずま) 이나즈마 번개

□ 晴れ (はれ) 하레 맑음

□ 雹 (ひょう) 효- 우박

□ 日照り (ひでり) 히데리 가뭄

□ **爽やかだ** (さわやかだ)
사와야카다 산뜻하다, 상쾌하다

□ **和やかだ** (なごやかだ)
나고야카다 온화하다

□ **蒸し暑い** (むしあつい)
무시아츠이 무덥다

□ **寒い** (さむい) 사무이 춥다

□ **潤う** (うるおう)
우루오우
축축하다, 눅눅하다

□ **地震** (じしん) 지싱 지진

241

□ **台風** (たいふう) 타이후− 태풍

□ **ハリケーン** (はりけーん)
하리케−응 허리케인

□ **トルネード** (とるねーど)
토루네−도 토네이도

□ **霜** (しも) 시모 서리

□ **暑さ** (あつさ)
아츠사 더위

□ **土砂降り** (どしゃぶり)
도샤부리 호우, 폭우

□ **凍結** (とうけつ) 토-케츠 동결, 결빙

□ **吹雪** (ふぶき) 후부키 눈보라
□ **猛吹雪** (もうふぶき) 모-후부키
강한 눈보라

□ **霧雨** (きりさめ) 키리사메 안개비

PART 4.

밤(夜)

chapter 1 음식점(食堂)

□ 予約 (よやく) 요야쿠 예약

□ 推薦する (すいせんする) 스이센스루 추천하다

□ 定食屋 (ていしょくや) 테-쇼쿠야 정식집

□ ファーストフード店
(ふぁーすとふーどてん) 화-스토후-도텡
패스트푸드점

□ 高級レストラン
(こうきゅうれすとらん)
코-큐-레스토랑
고급레스토랑

□ コーヒーショップ (こーひーしょっぷ)
코-히-숍푸 커피숍

□ **カフェテリア** (かふぇてりあ) 카훼테리아 카페테리아

□ **ウエートレス** (うぇーとれす)
우에－토레스 웨이트리스

□ **ウエイター** (うぇいたー)
우에이타－ 웨이터

□ **メニュー** (めにゅー) 메뉴－ 메뉴

□ **注文** (ちゅうもん) 츄－몽 주문

□ **突き出し** (つきだし) 츠키다시
주문한 요리에 앞서 간단히 나오는 안주

□ **居酒屋** (いざかや) 이자카야 선술집
□ **酒場** (さかば) 사카바 술집

□ **肉汁** (にくじる)
니쿠지루 고기국물

□ **アペタイザー**
(あぺたいざー)
아페타이자– 애피타이저

□ **スープ** (すーぷ) 스–푸 스프

□ **サラダ** (さらだ) 사라다
샐러드

□ **パスタ** (ぱすた) 파스타
파스타

□ **ビーフステーキ**
(びーふすてーき) 비ー후스테ー키
비프스테이크

□ **レア** (れあ) 레아 (스테이크가) 덜 구워진
□ **ミディアム** (みでぃあむ) 미디아무 (스테이크가) 중간정도 구워진
□ **ウエルダン** (うぇるだん) 우에루단 (스테이크가) 잘 익은

□ **わさび** (わさび) 와사비 고추냉이

□ **栄養** (えいよう) 에ー요ー 영양

□ **ベジタリアン** (べじたりあん)
베지타리앙 채식주의자

□ **味** (あじ) 아지 맛
□ **美味しい** (おいしい) 오이시- 맛있다

□ **酸っぱい** (すっぱい)
습파이 시다
□ **辛い** (からい) 카라이
맵다

□ **塩っぱい** (しょっぱい)
숍파이 짜다
□ **苦い** (にがい) 니가이 쓰다

□ **柔らかい味** (やわらかいあじ)
야와라카이아지 부드러운 맛

□ **カレーライス** (かれーらいす) 카레–라이스 카레라이스

□ **メイン料理** (めいんりょうり) 메인료–리 메인요리

□ **支払い** (しはらい) 시하라이 지불

□ **計算書** (けいさんしょ) 케–산쇼 계산서

□ **チップ**
(ちっぷ)
칩푸 팁

□ **お代わり** (おかわり)
오카와리 한그릇 더

□ **デザート** (でざーと)
데자–토 디저트

chapter 2

술(お酒)

□ **バーテンダー** (ばーてんだー)
바ー텐다ー 바텐더

□ **乾杯** (かんぱい)
감파이 건배

□ **酔ってない**
(よってない) 욛테나이
취하지 않다

□ **目眩** (めまい) 메마이
현기증

□ **杯** (さかずき)
사카즈키 술잔

□ **ブランデー**
(ぶらんでー) 부란데ー
브랜디

□ **酔っ払う** (よっぱらう)
욥파라우 만취하다

□ **ラム酒** (らむしゅ) 라무슈 럼주
□ **ウォッカ** (うぉっか) 웍카 보드카

□ **ワイン** (わいん) 와잉 와인
□ **ビール** (びーる) 비-루 맥주
□ **生ビール** (なまびーる)
　　나마비-루 생맥주

□ **ピッチャー** (ぴっちゃー) 핏챠– (맥주)피처

□ **水割り** (みずわり) 미즈와리 물을 섞어 술을 묽게 함

□ **常連客** (じょうれんきゃく) 죠–렝캬쿠 단골

□ **ソーダ水** (そーだすい) 소–다스이 소다수

□ **カクテル** (かくてる) 카쿠테루 칵테일

□ **仲間** (なかま)
나카마 동료, 일행

□ **撮み物** (つまみもの) 츠마미모노 마른 안주
□ **爪楊枝** (つまようじ) 츠마요-지 이쑤시개

□ **酒飲み** (さけのみ) 사케노미 술꾼
□ **二日酔い** (ふつかよい) 후츠카요이 숙취

□ **ジントニック**
(じんとにっく) 진토닉쿠 진토닉
□ **シャンパン** (しゃんぱん)
샴판 샴페인

chapter 3 호텔(ホテル)

□ **豪華ホテル** (ごうかほてる) 고-카호테루 호화호텔

□ **旅館** (りょかん) 료캉 (일본식)여관

□ **フロント** (ふろんと) 후론토 프런트

□ **ロビー** (ろびー) 로비- 로비

□ **手荷物** (てにもつ) 테니모츠 수화물, 짐

□ **受付係り** (うけつけがかり) 우케츠케가카리 접수계원

□ **レジ係** (れじがかり) 레지가카리 출납원
□ **ベルボーイ** (べるぼーい) 베루보ー이 벨보이

□ **モーニングコール** (もーにんぐこーる) 모ー닝구코ー루 모닝콜
□ **サウナ** (さうな) 사우나 사우나
□ **廊下** (ろうか) 로ー카 복도

□ **預かり所** (あずかりしょ) 아즈카리쇼 보관소

□ **シングルルーム** (しんぐるるーむ) 싱구루루ー무 싱글룸, 1인실
□ **ツインルーム** (ついんるーむ) 츠인루ー무 트윈룸
□ **ダブルルーム** (だぶるるーむ) 다부루루ー무 더블룸
□ **スイートルーム** (すいーとるーむ) 스이ー토루ー무 스위트룸

□ **チェックイン** (ちぇっくいん) 첵쿠잉 체크인, 입실
□ **チェックアウト** (ちぇっくあうと) 첵쿠아우토 체크아웃, 퇴실
□ **空室** (くうしつ) 쿠ー시츠 공실
□ **メード** (めーど) 메ー도 메이드, 가정부

chapter 4

집(家)

□ **屋上** (おくじょう) 오쿠죠– 옥상

□ **屋根裏部屋** (やねうらべや)
야네우라베야 다락방

□ **玄関** (げんかん) 겡캉 현관

□ **窓** (まど) 마도 창문

□ **芝生** (しばふ)
시바후 잔디

□ **フェンス**
(ふぇんす) 휀스
울타리

□ **庭** (にわ) 니와 마당, 정원

□ **壁** (かべ) 카베 벽, 담
□ **煉瓦** (れんが) 렝가 벽돌

□ **ガラスドア**
(がらすどあ) 가라스도아
유리문

□ **郵便** (ゆうびん)**ポスト**
유-빙포스트 우체통

□ **地下室** (ちかしつ) 치카시츠 지하실

□ **階段** (かいだん) 카이당 계단
□ **螺旋階段** (らせんかいだん)
라셍카이당 나선형계단
□ **回り階段** (まわりかいだん)
마와리카이당 회전식 계단

□ **天井** (てんじょう) 텐죠- 천장

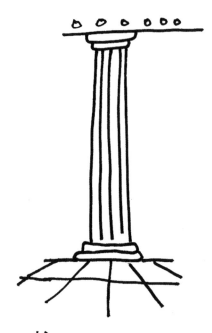

□ **床** (ゆか) 유카 마루

□ **柱** (はしら) 하시라 기둥

□ **呼び鈴** (よびりん)
요비링 초인종

□ **暖炉** (だんろ) 단로 난로

□ **煙探知機** (けむりたんちき)
케무리탄치키 연기 탐지기

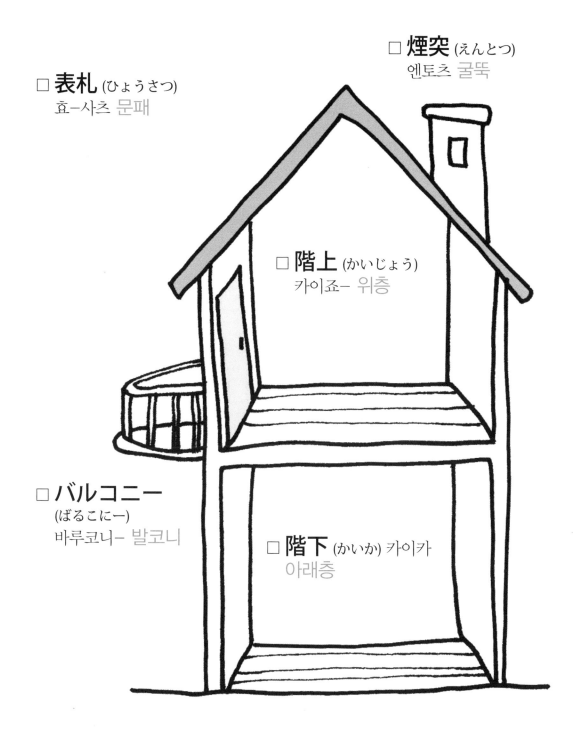

□ **煙突** (えんとつ)
엔토츠 굴뚝

□ **表札** (ひょうさつ)
효-사츠 문패

□ **階上** (かいじょう)
카이죠- 위층

□ **階下** (かいか) 카이카
아래층

□ **バルコニー**
(ばるこにー)
바루코니- 발코니

MEMO

MEMO

MEMO